D0644020

#ENJOYMARIE

Marie Lopez

#ENJOYMARIE

Éditions Anne Carrière

ISBN : 978-2-8433-7786-0

© S.N. Éditions Anne Carrière, Paris, 2015

www.anne-carriere.fr

*Merci à ma famille de m'avoir toujours soutenue
quoi qu'il lui ait coûté et dans n'importe quelle situation,
ce livre est un cadeau que je leur dédie.
Je n'en oublie pas pour autant toutes les personnes
qui me suivent et qui me soutiennent au quotidien,
merci d'être aussi nombreux et nombreuses
à contribuer à cette aventure Youtube!*

I

DÉBUT DE L'HISTOIRE

Salut les filles...

Salut les filles... Tout a commencé par cette phrase. Il y a bientôt quatre ans.

J'aime bien ces trois mots : « Salut les filles », ils me ressemblent. Je les trouve simples et à la fois... un peu réducteurs. Je vous ai oubliés, vous, les garçons... Excusez-moi.

Mais vous pouvez comprendre que mes rubriques soient un tantinet plus pour nous les filles, que pour vous... les garçons, non ?

À cet instant, je m'interroge. Mode, fashion, beauté... Oui, effectivement je suis un peu réductrice, mille pardons les *boys*, ces mots-là vous appartiennent aussi.

Ne m'en veuillez pas mais, par simplicité, je m'adresserai en général à vous les filles, c'est mon côté féministe. Vous, les garçons, il vous faudra un peu de recul, beaucoup de patience, du discernement passionnément, de l'humour à la folie et pas du tout de jalousie.

Ça marche comme ça ? Merci d'avance.

Pourquoi un livre ? Vous serez sans doute un bon nombre à me poser la question.

Une envie d'abord, les envies c'est comme ça... Je les prends telles qu'elles me viennent. Dès que j'ai un truc dans la tête, je ne peux pas m'en empêcher, il faut que je le fasse... C'est tout moi.

Mon ordi, le « fixe » comme on dit, je l'appelle « Gros Lulu », affectueux n'est-ce pas ? Il trône, paisible, bien installé, câbles branchés sur mon bureau.

Je connais par cœur tous ses sons étranges, les « bips » des messages qu'il reçoit, les grésillements de ses ventilateurs, les diodes rouges, vertes et bleues qui me font des clins d'œil, qui animent mes nuits parce que mon bonhomme d'ordinateur est un énorme insomniaque.

Des semaines qu'il ne dort plus. Un hyperactif, en somme. Fidèle très souvent, infidèle lorsque son disque dur défaille, lorsque la connexion se fait lente et capricieuse.

Mais est-ce vraiment de sa faute ? Il n'arrête jamais le pauvre, tout ça à cause de moi...

Hier soir, je me suis mise au lit avec des chaussettes, j'avais froid aux pieds. Les filles ont toujours froid aux pieds, ça ne change pas.

Nous avons fermé les yeux ensemble, je crois... Lui et son écran en veille, qui s'éteint au bout de ses préférences, et moi, les yeux rougis par le trop-plein de lumière électronique.

Alors que j'étais bien sous ma couette, réveillée d'un coup sans savoir exactement pourquoi, j'ai pris mon courage à deux mains. Quand je me suis levée d'un bond, la couette a explosé, une bombe atomique. Mais quelle heure est-il? Une bougie est encore allumée, mince... Mais quelle heure est-il, bon sang? Allez, debout! Je ne sens pas le parquet sous mes pieds... Bizarre! Pouffff... Tu as mis des chaussettes hier soir, tu n'es vraiment pas réveillée, ma fille...

J'aurais aimé dormir plus longtemps et en regardant Gros Lulu je suis jalouse. Alors que ma voix n'a pas déchiré le silence, j'entends son ronronnement. Tiens, je vais tapoter sur son clavier pour le réveiller également. Il n'y a pas de raison... Ça lui apprendra.

L'écran ouvre son unique paupière, les pixels à l'unisson se trémoussent. Un gros œil apparaît. Est-ce le héros de *Monstres et Cie*? Pas assez de sommeil, je crois...

Je m'habitue à sa lumière artificielle. Les icônes des dossiers, les applis, tout s'affiche, fidèle au rendez- vous. Il y a déjà 52 messages en attente.

J'ai eu une envie.

L'envie de raconter une histoire, celle de ma vie, jeune vie bien sûr, et alors... L'envie de partager quelque chose de différent avec vous. C'est ce qui venait de me réveiller.

J'avais besoin de lui, mon ordi... Un petit tour sur la bonne appli et voilà que vers 6 heures du matin les premiers mots de ce livre apparaissaient.

D'habitude, c'est l'angoisse du prochain sujet de vidéo qui m'empêche d'avoir un bon sommeil. Va-t-il être intéressant? De quoi vais-je parler? C'est la valse des questions, je tourne et me retourne sous la couette, et son écran, à l'autre, qui ne s'éteint pas, est comme un rappel: «Je suis toujours là, tu n'as qu'à m'éteindre et tu dormiras.» «Il suffit que je réduise le temps de veille dans tes préférences et on verra qui s'endormira le premier.»

Voilà que je parle à mon ordi... Bravo!

Je ne suis pas la seule à parler aux machines, d'ailleurs. Nous le faisons toutes à un moment de la journée. C'est plutôt des réprimandes, des insultes... Parce que les machines, ça ne marche pas toujours, enfin pas comme on le voudrait. Je n'entends pas souvent «Merci, mon chéri, de bien fonctionner, repose-toi bien, à tout à l'heure» mais plutôt «Merde, ça marche pas, j'ai pas de wi-fi...»

Nés après les années 1990, nous sommes une génération connectée, accrochée aux écrans luminescents de toutes sortes. 1990, c'est l'apparition du fameux World Wide Web, le WWW vous voyez... En 1992, un million d'ordinateurs connectés; en 1996, 36 millions; en 2000, 370 millions. Aujourd'hui j'ai arrêté de compter, je n'ai pas que ça à faire.

En tout cas, nous sommes la génération des mots créés par une technologie toujours plus pointue et, sans nous en rendre compte, nous vivons sous le pouvoir attractif des réseaux, de la Toile, de la communication ultra-rapide. Rien ne vaut le 200 méga...

Je tweete, tu spames, il streame, nous buzzons, vous hackez, ils émoticônent. Un tout nouveau langage, il faut vivre avec son temps, on nous le répète assez, et pourtant...

Avant-hier la lettre et la poste, hier le téléphone fixe. Aujourd'hui, vidéos, musiques, images, recherches en tout genre, tout dans la main, une connexion au monde, aux autres ?

Les machines que nous fabriquons, enfin que l'on fabrique pour moi, sont devenues un prolongement de moi-même, c'est pourquoi personne n'aime ça lors-qu'elles ne marchent pas. Comme si notre main n'était pas capable de faire ce qu'on lui commande. Tout ça parce qu'un bouton se bloque, un bug s'invente, un virus s'active, un réseau se coupe. On ne veut rien savoir...

Je dois absolument voir tel message, telle photo que l'on m'a envoyés, question de vie ou de mort... « Alors, mon petit bonhomme de téléphone, tu as intérêt à trouver la "soluce", sinon je vais avoir... mal au ventre, je vais être super énervée et je serai obligée d'envoyer une centaine de messages pour expliquer pourquoi je ne peux pas en envoyer... »

Alors, hypothétiquement, je recevrai d'autres cen-taines de messages pour me dire « Qu'est-ce que tu fais ? T'es où ? Tu fais quoi ? »

Je ne vais pas continuer, vous avez bien compris... C'est bon! Maintenant je suis énervée pour de vrai à force de me mélanger les pinceaux.

Depuis plus d'une heure, j'écris comme ça me vient. Oui je sais, ça part un peu dans tous les sens. Le soleil passe au travers des rideaux, un rayon clair et précis vient terminer sa course sur mon pied droit, c'est curieux, j'ai la sensation qu'il me réchauffe. Bon ok, une bonne tasse de thé et j'essaie de mettre de l'ordre dans mon texte. Je vais vous faire un plan.

Patientez un peu... Prenez-vous aussi une tasse de thé ou bien un café, un chocolat... Laissez-moi quelques minutes et je reviens avec la trame de mon livre.

Ça n'a pas été trop long? Moi, j'ai ouvert les rideaux et je ne me suis pas encore regardée dans la glace de la salle de bain.

J'ai bien réfléchi en buvant mon thé vert. Ce livre sera un petit pied de nez à toute cette communication ultra-rapide dont je vous parlais tout à l'heure. Vous prendrez le temps de me connaître et j'essaierai de vous apporter mes conseils sur les points essentiels de notre vie d'ado.

On voyagera par chapitres. Si vous voulez en lire un avant les autres, pas de problème, mon livre se lit comme on veut. Vous voulez commencer par la fin, allez-y... Tiens, je vous donne la dernière phrase si vous voulez: «Salut les filles.» Pas très original...

Il y aura autant de chapitres que de problèmes d'ado... Mais attention, qui dit problème dit solution... Ou du moins, moyens pour améliorer son quotidien. Ce sera ma vision d'une ado avec ses défauts, ses bêtises. Ce sera moi, tout simplement.

Je commencerai par me présenter, c'est normal, je suis quand même bien élevée. Un petit aperçu mais pas plus. Et puis on continuera par une belle séance de cinéma.

Voici le programme du jour, vous avez votre ticket?

Les titres des films sont mes clins d'œil et sans doute penserez-vous à des titres différents. Tiens, en passant, j'aurais dû choisir « Massacre à la tronçonneuse » pour parler de mes cheveux...

Allez, trêve de plaisanteries... La liste des chapitres, vous la trouverez en fin de livre...

Je m'appelle Marie. Mon nom de famille...? Est-ce vraiment important? J'ai deux autres prénoms, l'un commence par A et l'autre par C. C'est vrai, je vous jure, ça fait M.A.C. J'invente rien. Vous connaissez Mac, les ordinateurs et produits de beauté... J'étais prédestinée.

Vous me connaissez sous mon pseudo « Enjoy Phoenix » depuis maintenant plus de trois ans. Des mots qui sont devenus au fur et à mesure mon leitmotiv, mon sésame, ma manière de voir et d'agir.

Prenez le temps d'ouvrir un dictionnaire. Si vous n'avez pas le temps, ouvrez une page Internet sur votre smartphone, téléphone, tablette ou ceux de votre voisin :

tapez « Enjoy » dans la petite case de votre moteur de recherche ou bien dans votre traducteur et... lisez.

Enjoy : Verbe transitif, traduction d'« aimer » en général, voire « apprécier ». Dans un autre sens, également, « jouir de quelque chose » ou « bénéficier de »...

On peut dire *to enjoy oneself* pour signifier « s'amuser », ou *Enjoy yourself* pour « Amusez-vous bien ». Mais là, attention les filles, il s'agit d'un verbe intransitif. Bon, je vous passe les détails.

Appliquons la même méthode pour le mot « Phoenix » ou « Phénix ». Les deux existent mais j'ai préféré le premier parce que c'est le nom de la ville américaine où habite l'amoureuse du vampire dans *Twilight*...

Comme je vous l'ai dit, vous pouvez utiliser la tablette de votre voisin, c'est un bon moyen de faire connaissance. Voyons ce qui sort du mot « Phoenix ». Je cite Wikipédia :

« Le phénix ou phœnix (du grec ancien *phoînix*, "pourpre") est un oiseau légendaire, doué de longévité et caractérisé par son pouvoir de renaître après s'être consumé sous l'effet de sa propre chaleur. Il symbolise ainsi les cycles de mort et de résurrection. »

Je m'arrête là, mais J. K. Rowling, dans son bestseller *Harry Potter*, fait d'un phénix nommé Fumseck le compagnon du professeur Dumbledore. Deux plumes de cet animal ont servi à la fabrication des baguettes de Harry et de Voldemort, son rival.

Bon, maintenant, on réunit les deux mots et ça donne : *Twilight* et *Harry Potter*... Quelques heures de cinéma donc, des histoires d'amour, j'adore, de la magie, je re-adore. Donc rien à voir avec moi... Enfin, presque.

Et si je suis un peu plus sérieuse, je veux vous dire que chacun est capable, malgré les difficultés qu'il vit, de se relever et de recommencer quelque chose de nouveau, tout en profitant de l'instant présent.

Garder le sourire, qui est un présent gratuit, et aller de l'avant.

Je suis née à Paris, devinez dans quel arrondissement? Ce n'est pas très difficile, il y en a seulement vingt.

Mettez-vous dans la peau d'un détective. La bibliothèque François-Mitterrand, inaugurée quelques jours après ma naissance, le 30 mars 199..., la porte d'Italie, les Gobelins... Non, pas ceux de la trilogie cinématographique ni des jeux vidéo, mais la station de métro, la Manufacture de tapisserie, l'école de cinéma d'animation. Alors, vous avez trouvé? Pas encore?

J'aime les sushis, un rapport avec l'Asie. Mon animal de compagnie : ma petite tornade beige dont les générations passées ont toutes pris une porte en pleine face et dont le regard défie les lois du strabisme... Je veux vous parler de ma petite chouette de carlinou, elle est d'origine chinoise.

Allez, je suis née rue de Tolbiac, Paris 13e, un mois de mars à 18 h 35. L'année de ma naissance? (J'ai failli l'écrire un peu plus haut.) Un très bon millésime pour le vin de Bordeaux, il paraît. C'est mon père qui me l'a dit et, du coup, à l'époque, il a prétexté ma naissance pour en acheter des caisses et des caisses. «C'est pour fêter tes dix-huit ans», me répétait-il ainsi qu'à toute la famille. C'est aussi l'année du premier appareil photo numérique, le Casio QV-10. Prémonitoire, vous ne trouvez pas?

Oasis, le groupe que j'adore, numéro un en Angleterre avec «Some Might Say». La sortie de *Pocahontas* dont je raffolais étant petite. La naissance du DVD.

1995, ça y est, c'est dit, et je n'ai jamais goûté à ce vin pour mes dix-huit ans – d'ailleurs, entre nous, je crois que mon père avait déjà tout bu...

Je suis donc parisienne de naissance, mais est-ce vraiment important? Aujourd'hui, je suis lyonnaise d'adoption... Je pourrais ajouter suisse par ma mère, espagnole par mon père, italienne et corse par mes grands-mères, franc-comtoise par mon papy... Un joli mélange d'origines, mais je crois que l'on est toutes et tous dans ce cas. Vous avez vu, les garçons, je ne vous oublie pas...

Installée à mon bureau, mes doigts sont un peu engourdis par ces quelques pages d'écriture. Des fourmis, petites démangeaisons subtiles, chatouillis dans mes paumes. Je cesse de noircir ma page blanche électronique. Le jour, sans que je m'en aperçoive, s'est mis en compte à rebours, dix, neuf, huit... Je lève les mains du clavier, sept, six, cinq... J'allume ma lampe, quatre, trois, deux... Le siège roule vers l'arrière d'un coup de bassin, puis un, zéro... Mes bras vers le ciel, je m'étire, la nuit vient de tomber, les lampadaires de ma rue scintillent, j'irai me coucher sans dîner.

À demain, les filles...

II

LA GUERRE DES BOUTONS

(film d'Yves Robert, 1962)

Coucou... Deux, trois jours sans écriture. Je ne sais plus. Occupée par mes vidéos, le temps a passé à une vitesse incroyable. Mais, aujourd'hui, un soleil radieux me donne envie de rouvrir mon carnet rose bonbon... J'ai bien un carnet, pour noter des trucs, mais entre nous je tape sur mon ordi. Question de génération... D'ailleurs, en vous parlant de ça, en plus de Gros Lulu j'ai «Petit Lulu», mon portable. Vous connaissez le proverbe : Fille connectée, ordis par milliers...

Bouton *power* et l'écran s'anime, retrouver le fichier et voilà, chapitre 2. Mais avant de continuer, je voudrais faire un petit détour par mon côté maniaque. Je ne veux pas en faire un chapitre, mais vous donner une facette de moi avant que vous lisiez le reste.

Nous avons toutes nos petites manies et d'ailleurs si elles disparaissent, nous avons une grande faculté à en créer de nouvelles. On se rassure comme on peut, et puis moi j'aime bien les manies. Attention, je ne parle pas de tocs... Vous ne savez pas ce que c'est? Dico tout de suite...

Définition : Trouble obsessionnel compulsif. T.O.C., quoi!

Vous avouerez que cela fait peur sur le papier. Et la différence est quand même importante. J'aime bien que tout soit rangé chez moi, que rien ne dépasse, un peu comme avec mes cheveux, je suis perfectionniste. Alors là, les filles, attention. Si le temps passé à se faire belle, à ranger ses affaires, à se laver commence à vous mettre en retard, et que, en plus, vous ne vous sentez pas bien malgré tout, il peut s'agir d'un toc, ce fameux trouble obsessionnel compulsif. On est tous et toutes angoissés par ces problèmes quotidiens mais bon... on ne va pas souffrir pour ça. Prenez du recul, et si vraiment vous n'arrivez pas à vous débarrasser de vos angoisses, parlez-en à vos parents, c'est important. Moi, je me suis fait un peu gronder parce que je m'angoissais pour pas grand-chose.

Mes parents m'ont toujours appris à relativiser, et le temps que je passais à me préparer diminuait passablement dès lors qu'ils me disaient : « Mais tu es bien, là, c'est bon, tu es jolie... »

Je ne les croyais pas. Ils se moquaient bien que j'aille à l'école moche comme un pou, avec mon épi rebelle et mon bouton sur le front... Aujourd'hui j'en rigole. Ce qui ne m'empêche pas d'avoir toujours des manies. Mais une fois l'an, je prends de bonnes résolutions, j'essaie de faire le ménage, de mettre un peu d'ordre dans tous mes petits rituels, de les ranger dans une penderie que je n'ouvrirai plus.

Encore une fois, plus facile à dire qu'à faire, parce que les petits rituels ça rassure, c'est nécessaire, sinon la journée... elle est pourrie !

Je vous parlais donc des cheveux. Si vous faites bien attention, on se coiffe toujours de la même manière. On commence par le même côté, celui qui va se voir le plus, puis on passe à l'autre, et on revient par le haut, du même côté, on écrase l'épi, voilà c'est fait. Un coup de laque, une mimique avec la bouche, la main dans les cheveux pour voir si tout tient, un pivotement de tête, toujours le même et puis... Si ça ne va pas on recommence... Non, je plaisante, je n'ai pas de toc. Pourtant je fais ça tous les matins avant le petit déjeuner... Et je me mets en retard. De toute façon, je n'ai jamais faim le matin.

À propos... est-ce que vous ne pensez pas que mon « Salut les filles », qui marque le début de la plupart de mes vidéos, n'est pas une petite manie, une marque de fabrique ? Sans ces trois mots, je ne serais pas la même.

Préparation du matériel, mise en place des cheveux, l'appareil photo en marche, premier essai, la batterie, la lumière, Jelly mon toutou, où es tu ?

Power sur *on* et c'est parti. « Salut les filles... » Encore un rituel qui m'est nécessaire. Perfectionniste ? Oui ! Complètement toquée ? Non, pas encore.

Pour écrire ce livre, je suis revenue sur les petits trucs qui me rassurent.

Ma tasse de thé vert, par exemple. Posée devant moi, à droite, avant de commencer à pianoter sur les touches de mon ordi. De la musique dans le fond, pas trop fort. Je laisse en mode aléatoire sur l'appli iTunes, j'aime tout ce qu'il y a dedans, normal, c'est moi qui l'ai choisi. Une bougie parfumée, des grosses chaussettes, Jelly pas trop loin, on ne sait jamais.

Voilà, c'est à peu près tout. On peut commencer le chapitre... Désolée, j'ai été un peu longue.

Chapitre 2 : « La guerre des boutons ».

« Oh non, c'est pas vrai ! Pas encore ! Mais c'est pas possible ! »

Je crois que je viens de réveiller toute la famille avec mes hurlements.

« Qu'est-ce qu'il y a, Marie ? Ça va pas ! »

Maman est bien énervée aussi. Le ton de sa voix ne fait aucun doute, la journée sera chaude... Et qu'est-ce qu'on va dire, à l'école ?

« Mais qu'est-ce qu'il y a, Marie ?

— Non, c'est rien, maman. C'est un bouton qui vient de sortir.

— C'est pour ça que tu cries ? Mais ça va pas, non !

— Tu peux pas comprendre... »

De toute façon, les parents ne peuvent pas comprendre. Autant que l'épi qui bousille mon lissage, ce bouton me rend laide au possible. J'en ai marre de cette adolescence où tout bouge tous les jours et jamais dans le bon sens! Ce bouton, c'est la catastrophe.

«T'as qu'à mettre de la crème...»

Ma mère parle toujours, mais ça fait longtemps que je ne l'écoute plus. Juste un fond sonore. Voilà, ça y est, je suis de très mauvaise humeur.

Quelle stratégie pour ce matin? Il me reste peu de temps avant d'aller à l'école. Tant pis pour le petit déjeuner, j'ai plus faim. Mais mince, il est énorme celui-là, et il y en a un autre que je sens sous ma peau, ça fait mal...

«Tu viens prendre ton petit déjeuner!»

La porte de la salle de bain claque derrière moi et je n'entends plus rien.

Mon visage à peine réveillé n'est pas beau à voir. Des cernes un peu gonflés, sombres, pas assez dormi... Tiens, la marque de mon oreiller. Les cheveux, on oublie, et... ce satané bouton, parfois rosé-rouge, parfois un peu blanc, selon la maturité de la bête. Si je l'éclate maintenant c'est foutu, rien ne sortira, et puis on verra que ça, ça fait mal, et puis ça va durer longtemps, des jours, non des semaines, et il y en aura d'autres. Non, j'en ai marre... marre... marre.

Celui qui inventera le produit miracle qui enlève les boutons dans la seconde sera milliardaire, je vous le dis. Mais ce matin...

«T'as pas faim? Dépêche-toi, tu vas être en retard.»

Je m'en fiche. Et tant mieux, comme ça on me verra moins longtemps en classe.

On a toutes vécu ce moment, n'est-ce pas? Oh, je parle pour vous aussi, les garçons, mais pour vous, ce n'est pas pareil, c'est normal d'avoir de l'acné, c'est l'adolescence. Mais pour nous les filles, c'est impossible, point final.

C'est vrai que l'acné, c'est vraiment une guerre, des centaines de batailles, 365 par an exactement, voire plus si on s'y attaque matin et soir.

Mais c'est quoi, l'acné? Techniquement, c'est, accrochez-vous, une dermatose inflammatoire des follicules pilosébacés avec formation de comédons. Rien que ça. En gros, une hyperproduction de sébum – corps gras qui protège la peau – sous influence hormonale, évoluant par poussées, créant des accumulations dites lésions rétentionnelles, surinfectées par des bactéries dont je tairai le nom, s'il vous plaît...

Cette maladie touche plus de 70 % des adolescents. Mais qui sont les 30 % les plus chanceux? J'ai une petite idée...

J'essaie de mettre un peu d'humour dans tout ça, mais je peux vous dire que mes premières années d'ado ont été un enfer, et encore aujourd'hui. Mais pour moi, il ne s'agissait pas que d'acné...

Pourquoi y a-t-il tant de souffrance derrière ce mot?

Mes parents avaient tendance à sourire en disant «C'est la puberté, ça va passer» ou «Ce n'est qu'un petit bouton», ou bien encore «Moi aussi j'ai eu de l'acné, et tu vois, c'est parti».

Mais ils ne se rendent pas compte, non, vraiment pas. Je crois qu'ils ont oublié ce qu'était l'adolescence.

Pourquoi sommes-nous si attachées à notre apparence? Eh bien, parce qu'elle conditionne notre vie d'ado, c'est tout. On se construit autour de notre image et de ce qu'elle renvoie aux autres. Je suis désolée, mais les photos ratées, à moins quelles soient hyper-fun, on ne les garde pas. Direct dans l'icône Corbeille.

Notre image c'est pareil, un bouton, deux boutons et c'est la désolation.

«T'as vu? Elle s'est pas lavée ce matin, bonjour l'hygiène! Je te raconte pas ce qu'elle doit bouffer pour que ça ressorte comme ça.» On appelle ça l'écartement social, parce que, entre ados, pas de cadeaux.

Le retour de bâton est terrible, on se trouve moche, mauvaise image de soi, on ne s'aime plus. À quoi bon faire des efforts?

Oui, c'est un sujet sérieux, une vraie guerre, parce que beaucoup de dépressions, d'anorexies, de boulimies et de comportements étranges peuvent provenir d'un manque d'amour de soi, et tout ça pour quelques satanés boutons.

Que faire alors?

Tout d'abord en parler avec ses parents dès l'apparition des premiers symptômes, consulter un dermatologue si le nettoyage de peau ne suffit pas, ou bien assumer entièrement son acné et alors là, je dis bravo... Ou bien, tricher avec un peu de maquillage. Mais attention!

À vrai dire, je n'ai pas eu d'énormes problèmes d'acné. J'ai fait partie des 30 % de filles chanceuses. Mes soucis sont venus plus tard. Lorsque j'ai commencé à me maquiller, un peu trop tôt malheureusement, sans compter des soucis hormonaux. Des cicatrices sur mes joues, voilà le résultat aujourd'hui. Lorsque l'on est jeune, on n'écoute rien ni personne, à part la musique dans son casque, histoire de bien s'isoler et donc de ne rien entendre... Je n'avais pas de vraies poussées de boutons, non, juste quelques-uns et pour être comme tout le monde, je ne sais pas pourquoi, j'ai décidé d'en avoir.

Vous avez la réponse plus haut : je me suis maquillée trop jeune, et surtout, j'ai mal nettoyé ma peau. Voilà pourquoi maintenant mes vidéos contiennent quelques «Tips» pour vous protéger de ma mauvaise expérience. On peut tricher avec du fond de teint, mais le soir, un grand coup de Kärcher, les filles. On ne plaisante pas avec le démaquillage.

Mais de quoi parle-t-on exactement lorsque, toutes ensemble, nous essayons de cacher ces misérables petites éruptions cutanées, cratères lunaires et autres défauts ?...

Au-delà d'une maladie de peau, qu'est-ce qu'il se passe de plus avec l'acné qu'avec certaines maladies bien plus graves, pour qu'elle nous rende la vie si dure à notre jeune âge ?

J'ai connu des filles avec du diabète, obligées de se piquer plusieurs fois par jour, des filles avec un cancer, toujours souriantes...

Attention, ne croyez pas que je crée une échelle de valeurs dans les maladies, pas du tout. Je veux juste comprendre pourquoi cette acné est si douloureuse pour certains et certaines d'entre nous. Au sens propre et au sens figuré, les boutons, ça fait mal.

Vous connaissez déjà la réponse: l'acné se voit, tout simplement. C'est une maladie de l'apparence, pour nous, les ados. On voudrait toujours se montrer de la meilleure des façons, afin d'accepter qui nous sommes... Et voilà que des monstres venus d'on ne sait où nous défigurent et nous rendent laides. Et une fois laides, il n'y a plus de vie, que des critiques de la part des autres, des regards qui dévisagent, et nous croyons perdre toute existence...

Avec l'acné, on est maintenu dans l'adolescence alors que ce que l'on veut, c'est grandir, se sentir bien dans sa peau, tout de suite.

Je plains les garçons qui ne peuvent, ou ne veulent pas, mettre de fond de teint. Maintenant, j'en vois de plus en plus, aussi coquets que nous, avec des tonnes de crème et du gel dans les cheveux. Ah, le gel!

Curieusement, quand j'étais au collège, les garçons venaient en cours sans trop se soucier de leurs boutons, cela faisait partie du décor pour eux. Mais très peu venaient sans gel, sans leurs coupes structurées. Vous vous souvenez de la mode étrange qui n'a pas duré très longtemps, la «cinétique» ou je ne sais quoi... La tecktonik, ça y est, je m'en souviens, j'aimais bien... Sans du gel dans les cheveux, il n'y avait pas de look, donc pas de mode.

Nous reparlerons un peu plus tard des cheveux. Entre nous, il y aura aussi beaucoup à dire... Et pas que sur les garçons.

En ce qui concerne la « guerre des boutons », comme je vous le disais, je n'ai pas eu d'acné sévère, comme la plupart d'entre nous, mais des marques très difficiles à faire partir. Je vous les ai montrées sur une de mes vidéos.

J'ai mis beaucoup de temps à m'y résoudre. Je me trouvais moche, voire horrible, voire hideuse... Impossible de sortir sans maquillage. J'avais honte de ces marques. J'ai mis du temps à accepter que c'était de ma faute. Aujourd'hui, elles me cassent toujours les pieds, mais je les accepte. Ma peau change et, peu à peu, elles disparaissent.

L'acné ne dure pas toute une vie, c'est très rare. L'acné dure un temps, et ce temps on ne l'aime pas, il tombe au mauvais moment. On devrait en avoir à quatre-vingt-cinq ans ; au moins, grâce à la sagesse, l'expérience, on prendrait ça avec beaucoup plus de recul.

Ce que je veux vous faire comprendre, les filles, c'est que oui, nous avons les moyens de cacher un peu tout ça, mais se sentir bien dans sa peau ne doit pas dépendre d'une question de boutons... Battons-nous.

J'ai trouvé un moyen qui donne de bons résultats. Je me suis mise au sport. L'activité, le mouvement apportent beaucoup de solutions aux désagréments de l'acné. Le dermatologue aussi, surtout s'il fait du sport.

Bien manger, avoir beaucoup d'activités, se préoccuper de soi dans l'effort, avoir des performances, se faire de nouvelles amies dans son club...

Je peux vous garantir qu'une médaille régionale, voire nationale, dans n'importe quel domaine sportif redonne confiance en soi, et les boutons n'ont alors qu'à bien se tenir.

Avoir une passion, même si ce n'est pas du sport, permet de se concentrer sur autre chose. Passer des heures à regarder sa peau dans le miroir dès le réveil, scruter ses points noirs sous les néons de la salle de bain, c'est pas top. Et on ne pense plus qu'à ça.

Un nouveau bouton le matin, et la journée est gâchée. L'acné ne doit pas être une obsession et, pour se changer les idées, rien ne vaut de nouvelles distractions. Quand je fais du sport, j'oublie de penser à mon acné... Je ne passe plus autant de temps devant la glace, je positive, quoi...

Si vous n'êtes pas sportive, trouvez une autre activité, le théâtre, les associations pour l'environnement, les animaux. Il faut être capable de se détacher de ses boutons. Se déboutonner, quoi !

Bravo Marie, facile à dire... Je sais, ce n'est pas simple, mais dites-vous que cela ne dure pas. Voyez le temps différemment, imaginez-vous un futur joyeux. Essayez et vous verrez.

Assez pour aujourd'hui. Beaucoup d'idées s'entrechoquent dans ma tête. Une balade avec ma petite chienne me fera le plus grand bien. Quelle température dehors ? J'ai l'impression qu'il n'y a pas d'hiver. Réchauffement climatique ?

Sans plus attendre, j'enfile à Jelly son petit pull spécial chien rouge carmin. Un peu kitsch, et alors? Elle me fait rire avec ça.

Je ne sais pas si l'envie de m'asseoir à mon bureau me viendra. Je serais mieux dans mon canapé, Petit Lulu sur les genoux, mon carnet à idées par terre, et ma petite puce à mes côtés.

III

LES DENTS DE LA MER

(film de Steven Spielberg, 1975)

Semaine extrêmement calme. Pas le moindre mot, rien, le néant. Je parle de «calme» pour mon inspiration uniquement. J'avais le sujet, mais rien à me mettre sous la dent... C'est revenu hier dans l'après-midi, bizarre.

Je flânais sur le Net lorsque, par quelle manip?, je ne saurais vous le dire, je me suis retrouvée avec, à l'écran, l'affiche d'un film que je ne suis jamais allée voir. Vieille image, mais encore impressionnante, d'un immense requin remontant à la surface, et d'une nageuse insouciante. Le déclic! J'avais le titre de mon chapitre...

Un peu tiré par les cheveux, mais les cheveux ce sera pour plus tard.

«N'oubliez pas de vous brosser les dents avant de vous coucher.»

Phrase culte des parents, phrase entendue des milliers de fois, n'est-ce pas? Mais c'est vrai, n'oubliez pas, il en va de votre santé bucco-dentaire. Nous, les jeunes, on n'aime pas recevoir des ordres, surtout pas des parents, surtout lorsqu'ils ont raison, surtout parce qu'ils ont souvent raison.

On est tous un peu comme ça : on veut des belles dents mais question entretien... brossage, visites régulières chez le dentiste, ne pas manger n'importe quoi... nous ne sommes pas au top.

Mais maintenant il y a l'orthodontie. Alors ça, c'est plus qu'une mode, c'est devenu en quelques années un phénomène. Pas une star de cinéma ou de la chanson sans retouche de dents, des quenottes bien rangées, des notes de piano, que les blanches bien sûr.

Alors on se dit, pourquoi faire des efforts pour avoir une belle dentition, c'est trop casse-pied, il suffit d'aller chez l'orthodontiste et le tour est joué, des dents magnifiques. C'est vendu comme ça. Si, en plus, vous ajoutez prothèses et blanchiment, il n'y a plus de soucis. Si c'est trop moche on remet droit, on lime, on remplace...

On veut toutes avoir les mêmes dents. Oui, l'adolescence est sans aucun doute le monde du «Je te regarde me regarder, je m'aime moi non plus...», mais de belles dents, ça le fait. Moi, elles n'étaient pas trop mal mes dents, un peu décalées, un peu pas comme je voulais... En plus, mon papa, en me lançant en l'air quand j'avais dix ans, avait trouvé le moyen de mal me rattraper et *pan*! un bout de dent supérieure en moins. Mais pourquoi a-t-il été si maladroit ce jour-là?

Ça m'avait fait mal et en plus j'étais un peu plus moche. J'ai longtemps voulu faire refaire cette dent et puis, l'habitude, un petit côté charmant, un signe de reconnaissance, j'avoue avoir mis cette idée de côté. On verrait bien.

C'est ma mère qui s'est lancée dans l'aventure, ô combien palpitante, des rendez-vous chez la dentiste pour, devinez quoi, maintenir mon appareil dentaire en état jusqu'à la délivrance... Deux ans pour enfin sourire sans fermer la bouche. Moi aussi je l'aurais, ma dentition de star.

Je ne suis pas très honnête, en fait. Pour être plus précise, si ma mère s'est lancée dans l'aventure, c'est parce que j'avais décidé d'avoir la plus belle dentition du monde. Rien que ça.

En un mot, ma sœur et moi lui avons forcé les deux mains pour être belles.

Deux ans de galère quand même.

Au début, c'est rigolo, on a un truc dans la bouche qui nous fait parler mal, un piège redoutable à aliments, un «fait fuir les garçons», tout ça pour justement les faire revenir plus tard.

On va donc chez l'orthodontiste, on y court même, parce qu'on veut que cela aille vite. Et puis, petit à petit, les rendez-vous commencent à nous casser les pieds. C'est jamais le bon horaire, normal, ce n'est pas nous qui le choisissons. Souvent, c'est après les cours ou le matin, quand il n'y a pas école. Il fait froid l'hiver et moi je suis bien sous ma couette.

La dernière fois, l'orthodontiste a trop serré les bagues, j'ai eu un mal de chien, paracétamol toute la journée. Il faut souffrir pour être belle. C'est un dicton que je trouve complètement ridicule.

Moi je n'aime pas souffrir, surtout des dents, c'est la pire des douleurs... Sauf peut-être les otites.. Mais c'est un autre débat.

Moi, je vous parle des dents. Avoir un beau sourire, cela rend plus intelligent. Ce n'est pas moi qui le dis, ce sont les sondages. Un beau sourire vous donne plus de chances de vous marier vite, ce n'est toujours pas moi qui le dis, c'est un autre sondage.

Un beau sourire donne confiance en soi, on se trouve plus belle, mieux dans sa peau, enfin tout quoi!

Je suis donc passée par l'appareil dentaire durant deux ans.

Aujourd'hui, je ne regrette pas. Enfin, je suis contente mais... C'est ma maman qui a moins apprécié cette période. Il ne faut pas être dupe, c'est beau mais ça coûte cher. Remboursé par la Sécurité sociale et les mutuelles, mais cher quand même. Alors non seulement il faut souffrir pour être belle, mais il faut dépenser de l'argent... Où va le monde?

Moi, j'avais les dents du bas un peu écartées. Vite un appareil. Résultat, je ne suis toujours pas contente de mes dents, pas assez comme ci, pas assez comme ça, pas assez blanches, et mon sourire n'est plus celui d'avant.

Jamais contente, je vous le dis à vous, pas à ma mère. Je lui ai suffisamment cassé les pieds et les oreilles durant deux ans, si en plus je lui dis que ça ne va pas...

Elle va avoir une dent contre moi... Oui, je sais, ce n'est pas la meilleure de l'année, c'est à cause de mon père, il aime bien ces blagues, ces jeux de mots, vous savez, du genre «attention, celle-là c'est du lourd»... Quelle est la capitale du monde entier? Réponse: Mes chicots[1]. Je devais vous la faire partager. Je ne vois pas pourquoi vous n'auriez pas droit à l'humour spécial de mon papa.

Ce phénomène des appareils dentaires a quand même quelque chose de bizarre, tout le monde se retrouve avec la même dentition. On se bat pour la blancheur, on s'oblige à trouver le bon rouge à lèvres, celui qui rendra notre sourire vraiment souriant.

Sans doute un peu moins de personnalité, moi j'ai toujours ma petite cassure sur le devant. Je l'aime bien.

Au collège et au lycée, nous étions nombreux à partager cette passion pour les appareils dentaires, les bagues en acier, transparentes, devant ou derrière les dents. Tous les styles étaient autorisés. Brosse à dents obligatoire dans le sac à main. Oui, ce sac à main toujours trop grand avec plein de choses dedans...

Brossage après le self, traque du petit bout de salade, graine de sésame, morceau de nerf de viande, vous savez:

---

1. Il faut lire «Mon dentier» et «Mexico». Ha, ha, ha!

LE PETIT TRUC BLANC SUPER ÉNERVANT... Celui qui s'incruste! Je ne vous fais pas un dessin.

Bon, le plus dur, c'était quand même la première journée avec l'appareil. On préparait bien le terrain des semaines à l'avance. Tout le monde était au courant que tu allais avoir une dentition en acier, les fameuses dents de «Moonraker».

Vous ne connaissez pas *Moonraker*? C'est un *James Bond*, un grand classique qui date déjà, 1979, vous imaginez? Moi, non!

Une des dernières scènes de bagarre se passe dans le téléphérique qui mène au sommet du Pão de Açúcar à Rio de Janeiro, au Brésil. Le beau James Bond se bat contre un géant aux dents en métal, un vilain aux mâchoires acérées, un vilain qui terminera sa vie dans l'espace... Allez voir le film, et je vous assure que vous aurez un regard nouveau sur l'orthodontie. Mes parents m'en parlent encore. Eh oui, eux aussi ont connu les appareils de torture dentaire.

Bon, j'en étais où? Ah oui, on prépare le terrain, on est sûr que tout le monde a reçu l'information, et voilà que le jour J, le lendemain du passage chez le réparateur de dents, on entend: «Ouah... Mais tu m'avais pas dit que...» ou bien «Mais qu'est-ce que c'est? Parle un peu pour voir...»

«Pas pour voir, imbécile, pour entendre.» J'étais déjà tendue la veille au soir en me couchant avec ce truc dans la bouche, et le lendemain matin, alors que tout avait été préparé, voilà encore des crétins qui n'étaient pas au courant de mon changement.

C'est vrai, vous parlez un peu différemment au début. Cela fait rire et il vaut mieux en rire parce que l'affaire dure deux ans, mini garanti. Vous avez signé.

Pour l'aspect «lovers», là aussi, bonjour les dégâts. Prévenez bien votre copain, dites-lui que vous ne changerez pas, enfin si, vous serez plus belle... dans deux ans.

«Tu vas être patient, hein? Tu me promets?» Parce que, soyons honnêtes, les filles, c'est un peu «tue-l'amour». Alors voilà, je vous propose deux solutions.

1°) Ne pas avoir de petit copain durant cette période difficile. Acceptez de voir tous les beaux garçons avec toutes vos ennemies. Vos amies, elles, ont fait comme vous bien sûr, par solidarité. Sinon, cela ne marche pas: vous, vous avez les dents en réparation, un sourire de monstre, et vos copines non! Impossible. Donc ne sortez plus, déménagez dans une grotte, allez dans une école de filles, et espérez ne jamais rencontrer l'amour de votre vie pendant cette période.

Si un garçon vient vers vous malgré tout ça, on ne sait jamais, souriez à la japonaise en mettant la main devant la bouche, et s'il est encore là, alors vous êtes la plus chanceuse des filles...

2°) Respirez un grand coup et dites-vous que vous êtes la plus belle quand même, et que vous serez encore plus belle après, et que vous vous fichez de ce que pensent les autres.

De toute façon, tout le monde met des appareils, alors... Au collège, ceux qui n'ont pas de soucis aux dents sont des Martiens, je vous le dis, et j'étais jalouse d'eux, très jalouse.

Pourtant, la plupart d'entre nous ont choisi d'avoir un appareil, non? Alors, haussez les épaules et vivez vos deux ans en riant à gorge déployée. Mais n'oubliez pas, assumer son appareil c'est l'entretenir, parce que le sourire enjôleur avec un morceau de laitue sur la dent de devant, c'est direct la «loose»...

Moi, j'ai fait un peu des deux, en fonction de mes boutons, de mes cheveux, de mes copains et du temps qu'il faisait...

Mais au fond, peu importe les filles, souriez, vous êtes photographiées. Bises...

Un petit bond en arrière, de quelques années. Ouf, c'est fini... L'ordi est fermé, il a assez travaillé, repos soldat. Les yeux me piquent, des images de kaléidoscope se forment lorsque je les frotte. Un bâillement, il est grand temps que je stoppe mon travail.

Le froid du carrelage dans la cuisine me réveille un peu, encore oublié mes chaussettes, oublié de m'habiller. Une journée cent pour cent pyjama qui ne m'a pas empêchée d'écrire.

Tiens, demain, je recommencerai, journée relax, blottie sous le plaid, sur mon canapé.

IV

RIEN QUE POUR VOS CHEVEUX

(film de Dennis Dugan, 2008)

Dix heures du matin, j'ai oublié de me réveiller. J'ai la tête ailleurs, dans un sac exactement, mal au crâne. Se faire violence sera l'ordre du jour. Je suis en retard sur mon bouquin – enfin, par rapport au planning que je m'étais fixé.

Un paracétamol, une théière à mes côtés, une grande respiration... Mon ordi! Où est mon ordi?

Attention les filles, nous allons parler d'un sujet hautement problématique, je dirais même plus: un truc à s'arracher les cheveux.

La première chose que je regarde, que ce soit chez une fille ou un garçon, c'est sa coupe, sa coiffure, la couleur, le style. Y a-t-il du gel ou bien de la cire? Shampoing sec? Balayage?... Et je vous assure que je ne suis pas coiffeuse. Non, c'est comme ça.

Alors vous imaginez ce que j'ai pu infliger à mes cheveux, ne sachant pas exactement ce que je voulais au début... Enfin, si. Très tôt j'ai voulu avoir les cheveux lisses. À onze ans exactement, à onze ans je voulais les cheveux de Cléopâtre. Mes Barbie et autres Polly Pocket avaient subi les premiers essais de lavage, séchage et... lissage.

Je l'ai toujours trouvée magnifique, cette reine d'Égypte, son buste sculpté au musée, sa représentation dans les films. Presque trop parfaite... Et c'est sans doute pour cette raison que sa perfection est devenue une obsession.

Rien ne dépasse, j'ai dit, pas même une boucle. Un seul petit épi et ma journée est réduite à néant.

Je ne sais pas d'où me vient cette phobie. Être parfaite, c'est sûr ; plaire aux garçons, peut-être... Et forcément, pour que tout puisse tenir en place, il faut bien un peu d'aide, non ? C'est là que la technologie intervient. La machine à lisser, un lisseur... Non, je dis des bêtises : le Lisseur.

Quand je l'ai réclamé en entrant au collège, ma mère a refusé de m'en acheter un pour, je cite, « que tu ne t'abîmes pas les cheveux ». Autant vous dire que ma petite maman a payé le prix fort, puisque, à la place, je lui demandais tous les matins de me les lisser au sèche-cheveux et à la brosse.

Eh oui, à onze ans je ne savais pas encore faire un brushing... Mais j'ai appris assez vite, car au bout de quelques mois, ma mère a posé sa démission !

Au début, c'était un peu la galère, je me levais plus tôt, passant un paquet de temps dans la salle de bain. Pour les longueurs, ça allait mais j'avais, et j'ai toujours, cette espèce d'épi en forme de cœur qui me gâchait la vie. C'est beau les cœurs, mais pas sur le haut de mon front. Voilà, c'est dit...

Je pestais en partant à l'école car il m'était quasiment impossible d'avoir cette coupe que tout le monde désirait : la frange bandeau.

Mais quelle blague, cette coiffure ! En plus de nous cacher la moitié du visage, elle provoquait, une fois sur deux, des petits boutons à cause de la transpiration (glamour, pas vrai ?). Mais bon, cette frange donnait ce petit côté mystérieux qui plaisait aux garçons. Même si aujourd'hui je crois que ça servait plus à cacher la misère qu'autre chose !

Et puis, en cinquième, ma mère craqua : l'objet culte atterrit dans mes mains, le lisseur.

Le pire était à venir. J'étais tellement heureuse que je m'en servais tous les jours. Le matin avant de partir au collège, le midi quand je pouvais rentrer chez moi et le soir pour ne pas trop perdre de temps le matin. Sans oublier le combo sèche-cheveux/brushing/lisseur, après chaque lavage. Bref, une catastrophe. Si bien qu'après six mois d'utilisation intensive, le verdict tomba : « Il faut couper mademoiselle, ils sont vraiment abîmés, vos cheveux... » Merci, monsieur le coiffeur.

À mes yeux, c'était inconcevable. Avoir les cheveux courts, c'était perdre une partie de moi. J'adorais m'occuper de mes longueurs, et j'avais peur de ne plus pouvoir le faire si on me les enlevait... Mais je n'ai pas eu le choix, la route était tracée, salon de coiffure.

Les coiffeurs étaient des bourreaux. J'en avais la phobie. C'est toujours la même histoire... On demande de couper le moins possible en montrant la taille très précisément avec les doigts, et finalement on se retrouve avec une coupe à la Mireille Mathieu (j'exagère, mais pas tant que ça).

Après le massacre, il y a la fameuse phrase que personne n'a envie d'entendre: «Ça vous plaît?» On a envie de pleurer, on aimerait lui dire: «Non, pas tellement. Pas du tout, en fait... T'es sûre que t'es coiffeuse?» Mais je suis bien élevée, c'est la copine de ma maman, alors pour ne vexer personne, je hausse les épaules avec une moitié de sourire.

Je me regarde dans le miroir, des larmes au fond des yeux encore bien enfouies, en me demandant comment je vais pouvoir cacher ça, le lendemain à l'école.

Au final, le verdict est toujours le même: «On n'a coupé que ce qui était abîmé.» Je veux bien l'admettre mais le travail de la coiffeuse, c'est de faire ce que je lui demande, et non ce qu'elle juge bon pour moi... C'est pas comme ça que ça marche!

Ma mère a renchéri en affirmant que ça m'allait très bien, et elle m'a emmenée voir ma grand-mère qui m'a dit la même chose. La seule qui m'a donné un avis honnête, c'est ma sœur: «C'est trop court.»

Merci Juliette, la franchise, c'est bien, mais pas quand je suis en larmes.

Après un tel drame (oui, pour moi c'était toujours un drame), je me suis réfugiée dans ma chambre en me posant des millions de questions. Questions auxquelles il fallait que je trouve des solutions. Se mit alors en place mon plan d'attaque. Dans un premier temps, comment cacher la catastrophe? Je pouvais m'attacher les cheveux, mais je détestais ça.

Je vais vous avouer quelque chose, si je n'aime pas que les gens voient mon visage dégagé, c'est parce que je ne l'aime pas... mon visage. Pas du tout, même. Mes joues de hamster, mes yeux tout petits, enfin bon voilà l'avis d'une complexée.

Du coup, je me lissais encore plus les cheveux dans l'espoir de récolter quelques millimètres. Inutile, me direz-vous, eh bien pas tant que ça. Combiné avec l'écharpe qui cache les pointes, c'était du tonnerre, ma technique!

En été, ça marchait moins bien, il fallait passer par la queue-de-cheval.

Toutes ces solutions n'en étaient finalement pas vraiment. Le soir, dans mon lit, les angoisses me prenaient: «Et si on se moque de moi? Si on parle dans mon dos? Si les garçons me trouvent moins jolie? Je fais quoi?»

Toutes ces questions ne m'aidaient pas à dormir, et pourtant il le fallait bien, sinon en plus des cheveux à l'arrache, il y aurait les cernes... Le lendemain donc, j'appliquais mes petites astuces et partais au collège avec une boule dans le ventre.

Je scrutais le regard de mes copines en attendant leur réaction. Bien sûr, elles avaient toutes vu que quelque chose avait changé. Pas de chuchotements, pas de méchants regards, juste une remarque : « T'as coupé tes cheveux ? »

Autant d'angoisses pour entendre finalement une petite phrase anodine... Une phrase de copine, quoi !

On se fait un monde de tout ça, mais je vous assure, venez telle que vous êtes : la coupe de la veille, vous ne l'aimez pas ? Eh bien, ne la cachez plus, montrez-la au contraire. L'apparence c'est une chose, vous c'est autre chose...

Il m'a fallu un peu de temps pour m'habituer à cette coupe de cheveux. Certes, c'était moins lourd, mais je ne pouvais plus faire de tresse, et quand je passais ma main dedans, j'avais envie de continuer. Mais plus assez de longueur...

La faute au lisseur, tout ça.

Ce qui ne m'a pas empêchée de continuer à l'utiliser. Encore et encore, toujours autant. Mais j'avais décidé... de ne plus aller chez le coiffeur.

Tous ces échecs m'avaient vraiment rendue allergique à ces salons où les cheveux au sol vous regardent, agonisants. Une vision d'horreur. Ma nouvelle devise était : « On n'est jamais mieux servie que par soi-même ! »

Je suis donc devenue ma propre coiffeuse. Rien que ça... Dans un premier temps, c'était plus économique et puis, au moins, j'étais sûre de ne pas être déçue.

Je ne suis pas retournée dans ces salons de torture pendant deux ans. Mes ciseaux et mon manque de technique me suffisaient amplement. J'aimais pouvoir faire des vidéos sur «Comment faire une tresse épi de blé» ou encore «Deux coiffures de fête».

Qu'est-ce que c'est chouette d'avoir les cheveux longs! Mais ce qui est des plus paradoxal, c'est que, malgré ces nombreux tutoriels coiffure sur ma chaîne Youtube, à l'époque, je ne me coiffais jamais (maintenant non plus, d'ailleurs!).

J'avais toujours les cheveux détachés, encore un peu devant les yeux et droits comme des piquets. Pourtant, en troisième, la frange bandeau s'est démodée alors que la frange droite est revenue en force. «Pourquoi ne pas changer de tête?» me suis-je dit.

Deux ans venaient de passer, j'étais devenue plus mature et donc à même de supporter la pression d'une éventuelle catastrophe capillaire. Comme il n'y a que les imbéciles qui ne changent pas d'avis, je suis retournée chez le coiffeur pour lui demander une frange. À ce moment-là, ce n'étaient plus des tortionnaires évidemment...

Normalement, un bon coiffeur aurait dû refuser de me faire une frange étant donné le cœur de mon épi, mais, visiblement, je n'étais pas tombée sur la bonne personne.

Je suis sortie du salon avec une frange qui ne vécut que le temps du trajet pour rentrer chez moi. Cet épi ne me permettait rien d'autre qu'un front dégagé, j'aurais dû le savoir puisque c'était déjà compliqué avec la frange bandeau.

Si vous avez regardé mes vidéos à cette époque lointaine, vous vous serez bien rendu compte que cette étape capillaire n'aura pas duré longtemps. Après seulement deux jours, cette petite frange était déjà reliée au reste de ma chevelure. Et c'était encore plus moche, d'ailleurs.

Que d'expériences et de traumatismes capillaires, n'est-ce pas? Quand je repense à toutes ces petites catastrophes, il y a certaines choses que je n'aurais pas dû faire, et je m'en aperçois aujourd'hui!

Dans un premier temps, le lissage intensif: il est inutile. Une fois par jour est largement suffisant, même trop parfois. Tout ça pour dompter de petites mèches rebelles qui ne sont pas vraiment frisées... Un lissage brésilien m'aurait assuré des cheveux lisses, sans problème pendant un moment... Aujourd'hui, je me bats pour que mes cheveux soient bouclés et volumineux.

Bref, on n'est jamais contente de ce que l'on a. En ce qui concerne la coupe façon autodidacte, je n'ai pas regretté de m'être occupée de mes cheveux toute seule. C'est aussi un moyen d'être satisfaite et de n'en vouloir qu'à soi-même si c'est raté.

Par la suite, après avoir trouvé un bon coiffeur, je me suis fait décolorer les cheveux en blond, et je me sens bien mieux comme ça! Comme quoi, mes goûts et mes couleurs changent et changeront encore sûrement de nombreuses fois!

Quoi qu'il en soit, je fais ce que je veux avec mes cheveux! Et mille excuses à tous les coiffeurs et coiffeuses du monde, vous faites un métier bien plus difficile qu'on ne le croit. Vous ne coupez pas que les cheveux, vous supportez tous les caprices, vous écoutez toutes les histoires: «Une psychanalyse et un shampoing, s'il vous plaît...» Vous prenez des risques pour faire plaisir et satisfaire. Alors, merci...

Je ne sais pas comment mes cheveux seront demain, ni si ce que je leur ferai me plaira. Mais imaginez-vous à la place d'un cheveu. Je te coupe, tu me brosses, il me sèche, nous vous bouclons, vous nous lissez, ils ou elles se décolorent. Moi, je serais partie depuis longtemps avec un tel traitement.

Alors soignons-les, vous n'êtes pas d'accord? Respectons leur nature et soyons plus fortes que la mode. Je m'emporte un peu, mais faites attention, les filles. Des cheveux sans trucages, avec leur couleur naturelle, oui bien sûr une coupe légère pour les revigorer, mais c'est tout... Des petites mèches avant l'été pour faire venir le soleil sur votre visage suffiront amplement et vous garderez des cheveux en super santé.

Aujourd'hui j'ai compris cela avec mon coiffeur en qui j'ai une confiance aveugle. Il m'aura fallu du temps. Savoir faire confiance, lui il en sait plus que moi...

#EnjoyMarie

Toujours la tête dans la brume, mais pas question d'aspirine, juste m'arrêter pour aujourd'hui. Demain les vidéos, chercher quelques idées pour mes prochains sujets de vlog, un ou deux montages, la journée devrait être bien remplie.

V

EDWARD AUX MAINS D'ARGENT

*(film de Tim Burton, cinq ans avant ma naissance,
j'ai dû le voir dans le ventre de ma mère)*

Ma nuit a été merveilleuse. Doux rêves, sommeil réparateur, pas un bruit ce matin dans la rue... Le temps a t-il suspendu son vol ? Rien que pour moi ?

Une humeur que je ne connais pas, je me sens calme et sereine. Vite, ne laissons pas passer cet instant. Mon carnet, où est mon carnet ? J'ai une phrase dans la tête, vite, ma carte mémoire est défaillante, pas assez de RAM. Un stylo, mon smartphone pour que je m'enregistre... Mon bébé ordinateur... Mais non, j'oubliais, plus de batterie.

La journée commence mal.

Et voilà, c'est tout moi, une nuit merveilleuse et la journée qui commence mal...

Respire, Marie, doux rêves...

Je suis obnubilée par la lumière. Lyonnaise d'adoption, j'ai de la fierté à partager un peu du patrimoine de cette belle cité. Les frères Lumière ont laissé des traces ici et je m'engouffre souvent dans les salles obscures pour découvrir la beauté des éclairages du septième art.

Oui, j'adore la lumière, celle qui doit nous rendre belles. Celle qui efface les traits tirés, les yeux rougis par des heures inconsidérées devant les écrans de nos ordis.

Avant chacune de mes vidéos, je croise les doigts pour que la lumière soit à mon goût, c'est-à-dire parfaite. Les doigts violacés à force d'espérance, j'attends que les lumières naturelles viennent me dire: «C'est le moment de filmer.»

Ici, je vous parle d'un monde parfait, parce que je vous avoue, les filles, que je suis un peu souvent en retard sur le lever du soleil. Je rate le train du matin, celui qui embarque les plus beaux éclairages, la sublime lumière de l'aube.

J'adore la lumière mais aussi les doux et longs réveils dans mon lit. On ne se refait pas. Un lever tardif, quel plaisir! Ou se réveiller pour mieux se rendormir.

Mais bon, pour la lumière, pas de choix. «Debout là-dedans!»

Bien sûr, la modernité me rend un service extraordinaire, les nouveaux éclairages artificiels sont tellement performants qu'il permettent de rendre magique n'importe quelle atmosphère tristounette. Plus vrais que nature? Pas sûr... Mais, au coucher du soleil, malgré tout le pouvoir qu'elle détient, la nature ne peut me fournir, à moi cinéaste débutante, réalisatrice novice, youtubeuse passionnée, l'éclairage de mes vidéos.

Mais ce n'est pas tout. Pour les vidéos, il faut que la lumière soit capturée et, là, l'endroit où vous vous trouvez est très important. Une pièce blanche, bien orientée, une pièce où l'on se sent bien. Avec tout ça, je vous assure qu'on a toutes les chances de faire du bon travail, d'être un peu moins stressée. Et être moins stressée, cela n'a pas de prix. Vous connaissez bien certaines de mes mimiques, joue rongée à droite puis à gauche, mains dans mes cheveux, continuellement.

Pourquoi je parle de l'éclairage? Eh bien, avoir une jolie luminosité chez vous c'est déjà un grand pas vers le « Je ne suis pas si mal, et même jolie ». Des néons dans la salle de bain, et bonjour le teint de cadavre, dépression assurée et journée pourrie...

Donc première étape pour s'accepter: avoir un endroit qui, quoi qu'il arrive, vous rende belle et heureuse. Je pense aussi à vous, les garçons, mettez la phrase au masculin et tout fonctionne. Une belle lumière le jour, un petit coin sympa le soir avec la lueur d'une bougie... Oui, je sais, je mets des bougies partout et vous venez peut-être de comprendre pourquoi, parce que je me sens bien.

Être belle... bien dans sa peau, c'est un ensemble. Je parle pour l'instant de tout ce qui vient de l'extérieur. Pour ce qui vient de l'intérieur... il va falloir être un peu patiente ou patient, les mots, lignes, paragraphes, pages suivants vous aideront un peu sans doute, c'est mon désir le plus cher.

Je reviens à ce que je disais, il se peut que la lumière ne soit pas au rendez-vous, éclipse solaire, brouillard de dingue, lunettes de soleil que vous avez oublié d'enlever... Bon, pas de panique : improvisez !

Direct sur l'iPod, le discman ou le walkman pour les plus anciens... euh, j'avoue n'avoir pas connu ces objets de la préhistoire, mes parents oui...

Donc direct vers votre bibliothèque musicale et *hop !* le morceau qui nous fait craquer, la musique que l'on adore. Ça aussi nous aide à nous sentir bien. La musique des vacances, des soirées d'anniversaire, des concerts.

Je récapitule : une belle lumière, un endroit sympa, une bonne musique et des bougies encore, parce que non seulement elles illuminent mais en plus elles sentent bon.

Voici encore un élément extérieur qui peut nous aider à dépasser les petits moments de doute. Les odeurs...

Malgré mes dix-neuf ans, je peux vous dire que les odeurs me font faire un grand bond en arrière, les bonbons, l'acidulé, le *sweet*, l'enivrant, réglisse et chaleur des gâteaux au four, chocolat fondu et parfums du linge propre, sa couette changée, son gros pull aux accents fleuris et... J'adore les bougies parfumées, elles me rappellent tout ça et plus encore, fragrance et douceur, couleur et éclat lumineux, présence aussi... Oui, tout ça peut nous rendre belles parce que l'on se sent bien, ouatées de l'extérieur, émues de l'intérieur tout simplement. Bien sûr, vous n'aurez pas oublié les crèmes parfumées et les diffuseurs d'huiles essentielles...

C'est cela que j'essaie quelquefois de vous faire ressentir dans mes vidéos : se sentir bien, se sentir bien entourée.

Excusez-moi d'être partie au gré de ma plume. Mais je voulais vraiment vous faire comprendre que « se sentir bien dans sa peau », cela part de soi-même. On s'entoure des choses que l'on aime. Parce que les autres ne sont pas toujours gentils...

Je ne sais pas si vous avez vu ce film merveilleux : *Edward aux mains d'argent*. Pour moi, il symbolise le « regard des autres », le mauvais regard, celui qui juge et qui blesse.

Au début de ce livre, je vous ai montré à quel point nous étions obnubilés par notre apparence. Dans ce chapitre, j'ai essayé de vous expliquer comment vous sentir bien.

Évidemment, vous ne pourrez pas emporter partout votre lit avec vous, ni vos bougies... Mais les odeurs, si, avec un parfum que vous adorez.

Le regard des autres ne doit pas vous faire perdre pied.

Oui, lorsque l'on ne se trouve pas belle – pour ma part je dirais plutôt « pas bien dans sa peau » –, on n'envoie pas une bonne image de soi et donc on est confrontée au regard des autres qui est... souvent très dur.

Pour ne pas subir ce regard, on s'efface, on veut être comme tout le monde, ressembler à tout le monde. On devient invisible en quelque sorte.

On attache beaucoup d'importance au «Mais qu'est-ce qu'il pense de moi?», alors on oublie d'être soi-même, on incarne un autre personnage, on finit par ne plus aimer ce qu'on aimait avant, on s'habille différemment le matin, on achète des vêtements que l'on ne portera plus dans un mois... tout ça pour ne pas subir les critiques. On a peur de ne pas être à la hauteur... mais de quoi? Alors on s'angoisse, on se recroqueville, on se fait toute petite.

Les filles, je vous dis non...

Les autres, c'est qui d'ailleurs? Ils sont plusieurs? Ils ont un chef? C'est une bande, une bande de crétins... Essayez déjà de voir ça d'un peu plus près. Vous le constaterez, les autres ne sont pas si nombreux que ça. Je vais vous dire: ils ne savent même pas ce qu'ils font lorsqu'ils vous regardent.

Pourquoi?

Vous êtes-vous posé la question? «Qui suis-je pour que l'on me regarde?» En gros: «Est-ce que je suis le centre du monde dans cette cour d'école? Est-ce que je suis importante au point que tout le monde me regardera demain?»

Oui, je sais, vous allez me dire: «Mais oui, je suis le centre du monde...»

Mais vous êtes quand même d'accord avec moi, les filles, il y a des milliers de filles comme nous...

On fait partie d'un ensemble et il ne s'agit pas de mathématiques... Je ne veux pas non plus que vous pensiez que l'on n'est rien, c'est pas ça.

Il faut avoir confiance en soi, bien sûr, et les autres ont aussi leurs soucis. Tout n'est pas rose chez eux non plus... Eux aussi, ils sentent peser sur eux le «regard des autres», ils ont la même peur de ne pas être comme tout le monde.

Alors voilà, on est tous pareils, enfin presque...

Lorsqu'on vous critique pour votre façon de vous habiller, de parler, pour une erreur au tableau, pour plein d'autres choses, il s'agit seulement d'une critique sur un truc précis, pas d'une critique sur qui vous êtes, ou sur votre personnalité, et je sais que vous en avez...

Et puis, si un débile pense que vous n'êtes pas aussi belle, grande et mince que vous devriez l'être, quelles sont les conséquences? Vous n'allez pas être mise en prison ni payer une amende... Donc prenez votre personnalité en main et soyez libre d'être comme vous êtes. Pas comme tout le monde.

Il existe un moyen super sympa de se rappeler que l'on n'est pas comme tout le monde. On a toutes eu notre journal intime, notre journal secret, moi j'en ai encore un, d'ailleurs je ne sais plus où je l'ai mis... Oups!

Vous écrivez vos impressions, vos amours, vos idées, des poèmes. Moi j'y ai collé des photos aussi, des bouts de chansons. Durant le temps que vous voulez, ajoutez maintenant dans votre journal tout ce qui a été positif pour vous dans une journée, une semaine, un mois. Notez les petites choses que vous trouvez bien chez vous. Les mots de vos amies ou amis, les compliments de vos parents, de vos professeurs et, lorsque vous rentrerez d'une journée pourrie, relisez-les.

Toutes vos phrases seront du bonheur et vous vous rendrez compte que le «regard des autres» n'a pas d'importance. Vous savez qui vous êtes, non?

Les autres, avec leurs critiques, essaient de se rassurer, ils veulent être reconnus comme les princes de la cour d'école. Mais ils ne sont que les princes de la cour d'école... Le monde est bien plus vaste. Alors ne vous donnez pas comme limites ces fameux murs de la cour d'école. Prenez une échelle et allez voir ce qui se passe de l'autre côté.

Je terminerai en disant que l'on ne peut pas plaire à tout le monde, mais ce sont bien nos différences qui font que le monde est beau. Je vous laisse avec un célèbre Lyonnais, Antoine de Saint-Exupéry, qui disait:

«Si tu diffères de moi, mon frère, loin de me léser, tu m'enrichis.» (Extrait de *Citadelle*.)

«On ne voit bien qu'avec le cœur. L'essentiel est invisible pour les yeux.» (Extrait du *Petit Prince*.)

J'adore ces deux phrases... Doux rêves, nuit merveilleuse. Je veux la même chose pour demain, pour tous les jours qu'il me reste à vivre.

Je parle de rêve et je n'ai pas sommeil. J'ai encore envie d'écrire, toute la nuit, sans limite, sans me soucier de ma fatigue justement. Pourquoi ne pas écrire toute la nuit ? Avancer dans mon travail ? Un livre, cela s'apprivoise, on croit avoir tout en tête et puis un chapitre entier disparaît de votre cerveau. Alors c'est le retour vers mon carnet de notes, retour vers le futur... Celui de mon livre.

VI

LA RUMEUR

(film de William Wyler, 1961)

J'ai utilisé ce film pour le titre de mon chapitre, je le regarderai un jour...

J'ai eu peur, très peur. Je ne peux pas vous dire combien de temps je l'ai cherché, mais je ne retrouvais plus mon carnet rose, un carnet avec un petit élastique gris le protégeant des indiscrétions. Extrêmement bien organisée, je l'avais perdu. Moi je crois qu'il existe des lutins qui cachent les objets dans nos maisons. Mon papa nous a toujours parlé de ces lutins farceurs, j'y ai cru des années et, ce soir, lorsque mon carnet s'est décidé à réapparaître, je me suis souvenue des histoires de mon père.

Prête à commencer ce sixième chapitre, je souris en secouant la tête. L'écran s'illumine et je tape sur la lettre A.

Attention les filles, sujet dangereux, épineux. Nous allons parler d'un truc que l'on appelle «bobard», «ouï-dire», «potin», «racontar», «ragot», «qu'en-dira-t-on».

Dans notre bonne et vieille cour d'école, on appelle ça la rumeur.

Au travail les filles, dictionnaire de latin et *hop!* Le mot rumeur vient du latin *rumor* qui signifie «bruit vague», «bruit qui court», «nouvelle sans certitude garantie».

J'adore l'expression «bruit qui court», elle est très imagée, mais moi j'aime pas courir, alors qu'est-ce qu'on fait? Eh bien on fait comme tout le monde, on écoute, on croit, on s'interroge.

On raconte tous des histoires, on rapporte ce que l'on nous a dit, rien de mal à ça. Mais voilà, un mot de trop, un mot qui se glisse dans une petite discussion entre copines, sans penser à mal, bien sûr, et voici que ça commence.

La phrase anodine, comment a-t-elle pu nous échapper? La voilà déjà de l'autre côté de la cour, dans la rue. Elle grossit, c'est une boulimique, elle dévore tout ce qui passe autour d'elle, elle devient potin, ragot... C'est la rumeur.

Je me souviens d'avoir parlé d'une fille dont le père était patron de restaurant. Comme il travaillait tard le soir, elle restait quelquefois avec lui jusqu'à la fermeture.

Au départ, c'était juste une remarque anodine, mais tout a basculé. Je ne me sentais pas fautive. Je n'avais pas raconté de craques. Comment était-ce possible?

Son père avait juste un restaurant et voilà qu'à la fin cette fille couchait avec des garçons, tout le temps.

Le problème, c'est que j'y ai cru moi aussi, à toutes ces histoires, car le bouche-à-oreille fonctionne à merveille, colporte les approximations de chacun.

J'ai agi comme une idiote. On le fait tous, un jour ou l'autre. Et puis, difficile de se faire une idée juste quand tout le monde parle d'un même sujet en racontant des choses différentes. Et puis, on aime bien les histoires croustillantes, on s'en fiche qu'elles soient vraies ou fausses, n'est-ce pas ? Cela nous fait rire, on passe de bons moments à délirer sur l'une ou l'autre des filles du lycée.

Les rumeurs, les ragots, c'est rigolo. Ça fait des sujets de conversation pour ceux qui n'en ont pas, ça permet de mettre dans la confidence une personne avec qui on veut devenir amie en lui livrant cette exclusivité mondiale que tout le monde ignore encore. La plupart du temps, les rumeurs sont inventées de toutes pièces, mais pourquoi, à votre avis ?

«À ce qu'il paraît, elle aurait embrassé le mec de sa meilleure amie à une soirée, tu te rends compte ? Quelle connasse !» Désolée pour le gros mot, mais ce n'est pas moi qui l'ai dit. Typiquement le genre de phrase que j'entendais tous les jours au collège. Des histoires d'amour, de traîtrise, d'argent, de mensonges, un remake d'*Amour, gloire et beauté* version teen-ager.

Curieusement, ce sont toujours les mêmes qui sont au courant de toutes les petites histoires... Bizarre, non ?

D'un autre côté, entre nous, qui n'a jamais aimé être au courant de ces petites histoires? Le «Oh, moi tu sais, ça ne m'intéresse pas», c'est pour se donner bonne conscience, parce que même si ça ne vous intéresse pas vraiment, vous aimez bien être au courant quand même! On ne sait jamais, ça peut toujours servir en cas d'ennui.

Alors reprenons, une fille a embrassé un mec à une soirée, situation à peu près banale, n'est-ce pas? Mais dès le lendemain, tout le lycée est au courant, et les versions diffèrent. Un *french kiss* de folie avec le mec de sa meilleure amie, qui forcément n'est pas dans le même lycée, sinon l'histoire ne marche plus. On en rajoute des tonnes et voilà cette fille qui passe pour la pire des s...

Bien sûr, elle ne se doute de rien, jusqu'à ce qu'elle entre dans la fosse aux lions ou la cour de récré, c'est vous qui choisissez. Chuchotements dans les couloirs, ses «amis» ne lui adressent plus la parole, regards furtifs, seule... L'enfer, pour une ado.

Le mal se répand, on répète ce que l'on a entendu, souvent déformé, très loin de la réalité, à propos de personnes que l'on ne connaît pas, ou peu. Un lycée entier peut être au courant en moins d'une heure si la rumeur attise la curiosité, et encore plus rapidement par les réseaux sociaux.

Faites donc attention à ce que vous dites... Parfois, on parle juste pour se moquer ou pour rigoler, mais personne ne pense jamais aux répercussions que cela peut avoir sur une personne ou sur son entourage.

On apprend ça avec le temps et avec la maturité, mais l'intelligence, c'est de ne pas céder à la facilité. On dit souvent : « Il n'y a pas de fumée sans feu », sous-entendu : la rumeur vient toujours d'un fait avéré. Eh bien, oui et non... Oui, la fille a embrassé ce garçon. Le reste... Ayez un peu d'imagination. Cette fille va sûrement passer la pire journée de son année. Tout le monde va se moquer d'elle et beaucoup lui demanderont des comptes, alors qu'au final elle a juste embrassé un garçon pendant une soirée.

J'ai la sensation aujourd'hui que ces ragots de collège permettaient à certains d'exister, petite vie, de se la jouer, je ne sais pas... Drôle de moyen de se socialiser que de balancer du négatif. Pour sûr, c'est toujours du négatif. Vous avez souvent entendu une personne dire à une autre : « À ce qu'il paraît, son copain est super beau et ils s'aiment beaucoup » ? Moi rarement, mais je peux aussi me tromper ou être sourde. Et vous ? Si oui, vous avez beaucoup de chance !

Et puis un jour, *BING !* Le coup sur la tête. Oui, c'est bien de toi que l'on parle. Oui, c'est bien toi qui dragues le professeur, tu étais avec lui à la boulangerie, deux fois même, tout ça pour avoir des bonnes notes, tu aimes bien les gens plus âgés que toi.

Alors, à ce moment précis, tu trouves la blague beaucoup moins drôle.

Oui, j'étais à la boulangerie hier, mais pas avec lui, enfin... En même temps, on s'est parlé, bien sûr, c'est mon professeur... Et on continue de se justifier.

Trop tard, la rumeur te concerne. Rien à faire. Plus tu essaies de te justifier et plus on trouve d'arguments pour te démontrer le contraire.

Jusqu'à te faire croire que ce sont les autres qui disent la vérité, que le professeur est amoureux de toi... Tu te dis que cela ne va pas durer et *PAN!* Non seulement tu veux avoir des bonnes notes, mais tu dénonces tes amies, tu leur piques leur copain. Tu racontes que tes parents partent souvent en voyage, que tu es seule, que tu peux sortir.

Plus rien ne s'arrête. On ne s'en sort plus. Mais qu'est-ce qui se passe? Oui, mes parents partent en voyage, enfin pas vraiment, c'est leur métier, ils sont navigants. Mais c'est ma grand-mère qui me garde quand ils ne sont pas là.

La cour d'école commence à devenir un volcan bouillonnant, avec de la lave qui coule de partout, qui brûle tout sur son passage, et toi au bord du gouffre, dedans, peu importe. Tu ne rigoles plus, c'est sûr, tu commences même à pleurer. Début de dépression, tu veux crier que tout cela est faux, mais ça y est, tu es dans le flux de cette lave, rien n'y fait. Il faut attendre que la pression redescende, que la chaleur cesse, que la lave ralentisse et s'arrête, chaude encore sous sa gangue, en attente de crever sa croûte et de recommencer à répandre ses blessures.

C'est ça la rumeur, tout le mal qu'elle fait. Victor Hugo, que j'adore, a écrit: «La rumeur est la fumée du bruit.»

Petit aparté, je vous invite à lire un de ses poèmes qui s'appelle justement «La rumeur». C'est un texte que l'on devrait lire en classe, très tôt. Pour nous sensibiliser, pour que nous ne tombions pas dans le panneau.

J'étais un peu utopique et naïve. Je le suis moins désormais. La rumeur m'a beaucoup blessée pendant l'adolescence. Jour après jour, surtout à partir de la seconde. Je vous en parlerai plus loin.

Parce que la rumeur n'est souvent que le début d'autres choses, plus graves. C'est la raison pour laquelle il faut faire très attention, mesdemoiselles. D'un côté, soyez précises dans vos dires. N'inventez pas. Réfléchissez... Réfléchissez avant que les mots ne vous emportent vers le mensonge. Raisonnez-vous. De l'autre, soyez prudentes dans vos actes, essayez de ne pas vous retrouver dans des situations complexes. Agissez en pensant à ce qui pourrait bien arriver si... Soyez sûres de votre futur. Sinon, c'est votre réputation qui peut en pâtir, plus que cela, vous devenez un bouc émissaire, responsable de tous les maux de la terre, en fait, victime involontaire d'un harcèlement que vous ne comprenez pas. Tout ça pour un moment dans une boulangerie, avec votre professeur – je ne plaisante pas.

Pourquoi je vous dis ça? Parce que nous sommes tous responsables de la rumeur. Sans nous en rendre compte, nous utilisons des moyens simples pour faire d'un fait un autre fait.

Je vous le démontre.

Prenez une phrase, n'importe laquelle. Une phrase qui vous plaît bien, un début d'histoire, ajoutez votre prénom, vous êtes le sujet et on commence.

Moi, X, j'adore sortir avec mes parents le soir. On est d'abord allés boire un verre, puis on est allés au cinéma. À la sortie, il y avait du monde, le film était chouette, c'était un film d'amour, j'ai un peu pleuré. Ma maman m'a serrée dans ses bras et on est rentrés tous les quatre, avec mon père et mon petit frère, à pied le long des quais.

Cela vous va comme début d'histoire? Sympa, non? Un truc que vous auriez pu dire un matin, avant les cours, histoire de raconter votre dimanche en famille.

Ah oui, j'oubliais, tu t'es coupé le pouce en épluchant les carottes avec ta maman, le midi avant d'aller au cinéma, mais ça, tu ne l'as pas dit.

Commençons par le travail d'omission : en gros, on enlève certains éléments de ton histoire.

Elle, X, adore sortir le soir, elle va d'abord boire un verre, puis au cinéma. À la sortie, ce soir là, elle a un peu pleuré, sa mère l'a serrée dans ses bras et elles sont rentrées à pied le long des quais...

Ensuite on ajoute ou on renforce des détails. Cela donne :

Elle, X, adore sortir le soir, elle va d'abord boire plusieurs verres et puis elle va au cinéma. À la sortie, c'était noir de monde. Comme elle avait énormément pleuré, sa mère l'a serrée longuement dans ses bras et elles sont rentrées à pied le long des quais...

Maintenant, on généralise un peu :

Ses copines et elle adorent sortir le soir, elles vont d'abord boire plusieurs verres, puis elles vont au cinéma. À la sortie, c'était noir de monde. X avait énormément pleuré. Elles l'ont serrée dans leurs bras et elles sont rentrées toutes ensemble, à pied le long des quais...

Enfin dernière étape, ajout de précisions :

X et ses copines adorent sortir le soir, tous les soirs en fait, elles vont d'abord boire plusieurs verres, ensuite elles vont au cinéma. À la sortie, c'était noir de monde, que des jeunes, il y en a une qui a pleuré, X justement, énormément pleuré, elle était ivre. Ils l'ont serrée dans les bras et ils sont rentrés tous ensemble, ils l'ont raccompagnée à pied le long des quais... Elle ne pouvait plus marcher.

Et là, cerise sur le gâteau, tu t'es blessée à la main quand tu es tombée, saoule évidemment, et tu t'es coupé la main, enfin le doigt, on ne sait pas... Mais comme le lundi tu es venue avec un pansement, on en déduit la suite de l'histoire.

Relisez la première histoire et la dernière. Vous voyez, c'est un peu comme ça, la rumeur. Je n'ai pas de conseil spécial à vous donner. Simplement, soyez très vigilantes. Ne croyez pas n'importe quoi. Soyez critiques, écoutez mais soyez « smart », renseignez-vous.

Je vous assure que beaucoup de problèmes seront évités. Et la cour d'école n'en sera que plus cool.

Il n'y a pas que l'école, il existe bien un monde à l'extérieur un peu plus dur encore. Des histoires, vous en entendrez. Parler avec des adultes vous aidera à ne pas croire n'importe quoi. Voyez, moi, je pourrais affirmer... que la nuit de Noël un type habillé en rouge vient offrir des cadeaux, et que les dents perdues sont récupérées par une petite souris. C'est la vérité, je vous assure...

C'est le mot de la fin de ce chapitre. Celui de la réputation est à venir. Demain, dans deux jours, dans une semaine, je ne sais pas. Les mauvais souvenirs remontent lentement. Je ne me sens pas très bien. Le clavier de mon ordi me brûle les doigts et un je-ne-sais-quoi me demande de continuer à taper sur les touches.

Pas tout à fait fini ce chapitre, ce n'est pas tout, les rumeurs forgent la réputation de chacun : la jolie fille facile, l'abruti, l'intello, la piqueuse de mecs, le mec qui change de copine toutes les semaines, et j'en passe !

Avez-vous compris que ces ragots définissent la personne que vous êtes aux yeux des autres et donc leur envie ou non d'être amis avec vous ? C'est assez rude, mais c'est la triste réalité. D'autant plus que, comme nous l'avons vu plus haut, la rumeur est la fumée du bruit, du bruit qui court. Exagérée, la rumeur ? Les réputations aussi alors et, au final, tout finit toujours par vous retomber dessus.

Perversité que de vous faire voir tel que vous n'êtes pas...

J'ai souvent été victime de ces petites histoires, anodines pour certaines, mortelles pour d'autres. Elles pouvaient partir d'un rien, vraiment rien.

Un exemple, je m'étais acheté le même pull qu'une fille un peu populaire, aussitôt en a découlé cette déduction : « Elle s'est acheté le même pull que moi, elle n'a pas de personnalité ou quoi ? »

Je crois que « ne pas avoir de personnalité » était l'insulte préférée de mes petits camarades, au collège et au lycée. En avaient-ils, eux, de la personnalité pour croire que le monde ne tournait qu'autour d'eux ? « Mais non, ma belle, je ne passe pas mon temps à te scruter pour savoir comment tu t'habilles. Et si j'achète ce pull, c'est parce que je le trouve joli. »

Voilà comment j'ai eu la réputation d'être une fille sans personnalité. Rapide, non ? De même, une fille qui se sent bien dans sa peau, elle se la pète. Un mec qui porte un sarouel, c'est un clodo. Une blonde est une p***. Voilà, c'est fait, un petit coup de gueule.

Je n'arrive pas à lâcher le clavier. Quelque chose d'autre doit sortir... Vite, ma tasse de thé. Quelle heure est-il ? Je m'en fiche...

Le liquide dans ma tasse est froid. Depuis combien de temps je m'escrime sur ce clavier ? Le sujet est important mais je dois tourner la page. Une petite recherche pour connaître le titre de mon prochain chapitre. Ah oui... on en reparle dans deux jours. Bises.

VII

LA MAUVAISE RÉPUTATION

(chanson de Georges Brassens, 1952)

Je viens de terminer une vidéo. La mise en ligne de la précédente a été un peu complexe, problème de connexion, problème de synchronisation. Tout ne peut pas être toujours parfait.

Pour la suite de ce livre, je rencontre moins de soucis. Techniquement tout est ok, cependant, au fur et à mesure que j'avance dans l'écriture, je sens une peur monter en moi. Est-ce vraiment utile, tous ces mots ? Crise existentielle d'une petite scribouillarde, vous aurez compris que je suis une grande angoissée. Courage...

Du sommeil en retard, un soleil qui refuse obstinément de poindre. Il fait sombre dans ma chambre, à moins que mes yeux ne soient pas encore totalement ouverts. 7 h 17 clignote, le réveil fait son travail, l'alarme aussi. J'avais envie de rester plus longtemps au lit. J'y suis bien. Hier, il était tard lorsque le chapitre précédent a trouvé sa fin.

Je n'avais pas sommeil, et c'est au bout de la énième lecture du poème de Victor Hugo «La rumeur» que je crois avoir abandonné le combat.

À tâtons, je retrouve le recueil à côté de mon oreiller. Aucun souvenir d'avoir éteint la lumière.

Une pression sur le bouton de mon réveil, et de nouveau le silence. Allez, une heure de plus, une heure de pur plaisir avant de m'extirper de ma couette.

Encore embrouillée par ma nuit, j'essaie de me souvenir de mes rêves. C'est super important pour moi. Sans connaître quoi que ce soit à leur interprétation, je me sens bien lorsque mes rêves ont été doux.

Écrire sur ces souvenirs de collège m'a perturbée. Pas très réparatrices, mes heures de dodo. Oui, ce sont toutes les histoires, les fausses, les méchantes, l'écrasant pouvoir des autres sur notre vie, tout ça qui a altéré ma nuit. Et mes nuits, c'est sacré.

Bon, je ne dormirai pas plus, passons à l'étape suivante, le petit déjeuner.

Moment important. D'ordinaire : thé vert, jus de fruits, tartines beurrées-confiture, céréales, œuf à la coque avec bacon... Magnifique, non ? Ce matin, c'est jus de pomme en brique, thé et... rien d'autre. J'ai pas faim. Je sais, un bon petit déjeuner vous programme la journée. Prenez ce qu'il faut de calories, de l'énergie, quoi ! Et vous voilà en super forme.

C'est un peu moi, ça, caractère volontaire mais pour une chose et son contraire : vouloir entreprendre deux cent mille choses à la fois et vouloir dormir deux cents ans. Savoir ce qui est bon pour moi et puis faire l'inverse, parce que... je suis un peu perdue quelquefois, mais je suis faite ainsi, alors je m'adapte.

La cuisine est en sommeil aussi, comme tout le monde ici, même ma petite chienne Jelly. En me regardant passer, elle semble me dire : « Qu'est-ce que tu fais là ? J'ai sommeil moi, ce n'est pas encore l'heure de ma sortie. »

« Ben si, ma grande... Le temps que j'enfile mon gros survêt'... »

Nous voilà dehors, il fait bon, le soleil se lève et nous suivons sa trace. J'aime bien ce moment. Je ne suis pas toujours là pour le voir, pour le vivre. Un peu plus de courage le matin, et j'aurais plus souvent l'immense joie de ressentir cette douce chaleur sur mon visage lorsque le soleil fait fuir la pénombre.

La ville profite aussi de cet instant et les devantures de magasins apparaissent dans un bruit métallique lorsque les rideaux se lèvent. Le boulanger bosse depuis longtemps, ses croissants font un pied de nez au jour venant, croissants de lune beurrés et pains au chocolat...

Aujourd'hui je vais écrire un peu, enfin un peu plus sans doute – une envie de continuer ce livre pour moi, pour vous.

Le chapitre du jour portera sur la réputation, *ma* réputation. Je continuerai avec la popularité et enfin le harcèlement. Dans cet ordre? Sûrement. Il le faut parce que l'écrire, l'inscrire sur ces pages blanches, sonne comme quelque chose de vital.

Autant écrire est un plaisir, une joie de jouer avec les mots, autant, pour certains chapitres, c'est un casse-tête. Faire resurgir des vieilles histoires qui blessent encore. Sois forte, ma fille, remuer le passé permet quelquefois de mieux se connaître. Revoir les séquences de manière aléatoire. Accepter ses erreurs, comprendre ses actes, grandir à nouveau.

Une tasse de thé vert bien chaud dans la main, je m'installe au bureau. Les bruits de la ville sont là, il est l'heure de noircir quelques pages.

Attachez-vous de l'importance à votre réputation? Est-ce que vous la connaissez, d'ailleurs? Est-ce que vous savez de quelle manière les autres vous voient, vous comprennent?

On ne le sait jamais vraiment.

Ce que l'on sait, en revanche, de nous, ce que l'on connaît, ce sont nos actes, nos paroles. Les autres peuvent les connaître aussi, parce que ce sont nos amis. Hélas, la rumeur peut passer par là, alors nos actes et nos paroles sont déformés.

La fille douce et gentille, sympa avec ses copines, devient une peste à la langue de vipère.

Bonjour la réputation!

Mais ce n'est pas moi. Enfin, je ne suis pas comme ça.

Dès le premier jour de classe, dès les premières minutes même, lorsque tout le monde s'observe, on ne s'imagine pas la force de nos premières paroles, de nos premiers gestes. Nous faisons toutes attention évidemment à notre look, c'est la rentrée, tout de même. Ces premières minutes sont super importantes. L'année scolaire en dépend, notre réputation aussi.

Je parle ici d'une première rentrée, dans un nouveau collège. Si vous êtes une ancienne élève, c'est différent. Il se peut, et cela arrive souvent, que ce soit votre réputation qui vous précède. Vous avez changé de look pendant l'été, vous êtes amoureuse, tout va bien, et le premier jour de classe on vous renvoie à l'année précédente. Il faudra alors faire ses preuves et crier fort : « J'ai changé ! »

Moi, j'étais dans ce collège depuis le début, dès la sixième. Vers onze ans, la réputation ce n'est pas le sujet, pas vraiment. On est dans les petites histoires de copines, sans trop de jugement. Mais bon, les mois passant, on commence à émettre des avis. « Celle-là, elle est comme ça, celle-ci n'aime pas le sport... »

On accepte certaines choses et pas d'autres, tout dépend de qui l'a fait. On défend ses idées, on jette les autres. C'est un peu noir et blanc en sixième, pas trop de nuances. Je vais employer le verbe « catégoriser ». On range dans des tiroirs, on classe, on met des étiquettes à tout et n'importe quoi. C'est rassurant. Du coup, on met les gens dans des boîtes : « Tiens, toi t'es là et toi, de l'autre côté. »

Votre réputation se construit. Attention, je ne dis pas que l'on vous met dans une mauvaise boîte dès le départ... Cela dépend souvent de vous.

Pour vous donner un exemple, dans beaucoup de jeux vidéo, vous avez des niveaux de réputation : exalté, révéré, honoré, amical, neutre, inamical, hostile, haï... Tous ces niveaux sont déterminés à partir des tâches que vous accomplissez, des services que vous rendez, du respect que vous témoignez à d'autres groupes. Accomplissez des quêtes, ne faites pas n'importe quoi, et vous avancerez dans le jeu plus facilement. C'est votre comportement qui agit sur l'avancée du jeu.

Si cela pouvait être la même chose dans la vie... Mais ça l'est, votre réputation vous la construisez. Restez toujours dans cet état d'esprit, n'essayez pas de vous battre lorsque la rumeur envahit la cour d'école et que vous voyez votre réputation voler en éclats.

« Il est plus facile de garder intacte sa réputation que de la blanchir quand elle est ternie. » Thomas Paine (1737-1809)

L'indifférence est souvent utile. Vous savez qui vous êtes. Un petit haussement d'épaules et le tour est joué.

Comme je vous le disais un peu plus haut, moi, Marie, je dis un truc et j'en fais un autre. Je vous parle de Marie au collège... J'avais une bonne réputation, rigolote, toujours prête pour les spectacles de fin d'année, déléguée de classe, partante pour les voyages scolaires. Je me souviens d'un voyage en Irlande avec ma classe. C'était génial, deux par famille d'accueil, des soirées à écouter des chansons irlandaises dans les pubs. Visite de Belfast et Dublin, cours d'histoire sur les événements violents de ce pays.

Au retour, il y avait un spectacle de fin d'année. J'avais appris «Sunday Bloody Sunday» à la guitare et au chant, un peu la trouille mais partante, c'était ça l'école pour moi, le partage.

J'aimais bien que l'on m'aime et je faisais tout pour être appréciée, sincèrement, sans tricher. Je voulais être la super copine de tout le monde.

Je crois que c'est le souhait de chacune d'entre nous, pas vrai? Sans vraiment comprendre, à cause de la jalousie sans doute, les choses ont tourné de «révérée» à «amicale», puis «neutre» pour terminer par «hostile» et «haïe». Je n'étais pourtant pas dans un jeu vidéo.

Les rumeurs étaient passées par là. «Elle se la pète, dis donc» «Pour qui elle se prend?» «Sa voix est nulle» «Pourquoi toujours elle?» «Elle veut être la première partout...»

Mes notes étaient loin d'être les meilleures, je peux vous le dire, j'étais dans la moyenne. Mais mon niveau de réputation venait de chuter radicalement, j'étais en seconde.

Au lieu de hausser les épaules, j'ai voulu me défendre. Catastrophe... À vouloir me justifier, je me suis enfoncée. Comment expliquer des choses qui ne se sont jamais passées?

Comment se défendre contre la jalousie et la bêtise?

Hop, les filles, on retourne un peu en arrière, on relit la phrase de Paine et le tour est joué. Plus de soucis...

Il est tard et le ventre me tiraille un peu. J'ai faim. Jelly aussi. Je crois que je vais arrêter là pour le moment. L'inspiration se fait attendre, désolée. À tout à l'heure. Bisous...

Je serai toujours angoissée tant que je n'aurai pas fini tous mes chapitres. Demain, je sais que la météo sera à la neige. Une bonne raison de ne pas rester au lit avec mon Mac sur les genoux. Journée *open*, une marche sportive, on verra.

VIII

LA POPULARITÉ

Définition du dictionnaire :
Qui a la faveur de la population,
du plus grand nombre.
« Un professeur très populaire dans sa classe. »

Hier, journée de repos, pas trop envie d'écrire. Je redoute le prochain chapitre sur le harcèlement. Il faudra se mettre en condition, trouver la manière, ne pas tomber dans le panneau. Je veux dire par là, ne pas revenir en arrière. C'est de l'histoire ancienne avec ceci de particulier que rien n'est vraiment du passé. Si aujourd'hui je suis comme ça, c'est à cause ou grâce à ce vécu, pas si lointain.

« Le présent, c'est du futur en retard ou du passé en avance ? » J'en sais rien ! Je crois avoir lu cette phrase, elle me plaît. À bien y réfléchir, je vais rester proche de mon présent, me concentrer sur l'écriture.

Une tasse de thé vert, et c'est mon rituel qui recommence.

Je me suis levée un peu plus tard ce matin. J'avais froid sous ma couette. Tiens, dehors il neige. Pour la première fois de l'année ici. La buée sur les carreaux façonne un joli brouillard devant mes yeux. Je souffle mon haleine chaude et l'extérieur disparaît. En grimaçant, j'écris du bout de l'index «POPULARITÉ» en majuscules, le premier mot de ce chapitre. Je le regarde prendre vie et doucement disparaître lorsque la buée s'estompe. Ce mot que j'aime si peu. Après l'avoir écrit sur ma vitre... Beaucoup de souvenirs.

Pourquoi est-ce que je n'aime pas ce mot, me direz-vous?

Si vous reprenez la définition, être populaire, c'est: Être connu et apprécié de tous.

Mot familier, que l'on entend tous les jours au collège, au lycée et peu importe notre vie ou le milieu dans lequel on évolue. La popularité, en tout cas, c'est ça, c'est la définition que j'en avais quand j'allais encore en cours.

Tout le monde veut être populaire ou côtoyer des gens populaires. Je ne vais pas vous faire un dessin, mais il me semble que personne ne désire devenir l'individu le plus haï de la planète... À la réflexion, cela doit quand même exister!

Bon, être populaire, c'était l'objectif principal dans mon collège. Il fallait traîner avec les bonnes personnes, pas les intellos, plutôt celles qui allaient en boîte à seize ans; pas celles qui faisaient encore des soirées film entre copines, celles qui... Enfin bref, celles que je n'aimais pas. J'étais un peu jalouse... Un peu, beaucoup, passionnément, à la folie, pas du tout... à vous de choisir.

Pour ma part, je n'étais ni populaire ni intello, je faisais mon job pour rester dans la moyenne ; pour parler scolaire, ni surdouée ni acharnée au travail. Je faisais surtout le minimum syndical... pour mes parents, mes profs et pour moi.

Mes amis, eux aussi, se situaient dans la moyenne sur l'échelle des notes et de la popularité. Ce que je suis en train d'écrire peut sembler ridicule ou tout droit sorti d'une série américaine, mais cette échelle existait réellement.

En fonction des événements, une hiérarchie s'installait. Nous savions exactement où se situaient les groupes d'amis. Il y avait d'abord le groupe des filles et garçons supra-populaires, qui sortaient tout le temps, qui postaient des photos façon mannequin sur leur mur Facebook, et avec qui il fallait être en ville pour rencontrer les ados populaires des autres lycées.

Tribu étrange, clan des marques, la mode comme toujours. Bref, accessibilité limitée sauf pour ceux qui... comment dire, même mentalité, mêmes moyens... même délire. Qui se ressemble s'assemble.

Traîner dans ce genre de groupe impliquait les vêtements, les maisons et les vacances qui allaient avec. Ajoutons la voiture de papa, les lunettes de soleil pour ces messieurs, le sac pour ces demoiselles, parler un drôle de langage dont je n'ai jamais trouvé le code.

Mais surtout... surtout... les vêtements.

Qui a décidé que c'est l'habit qui fait le moine ? Parce que c'est vraiment l'impression que j'ai aujourd'hui. Un look, un accessoire et *hop !* t'es catalogué. T'as le droit au « package complet », statut social, intelligence, culture... Tout ça pour une doudoune molletonnée ou un sac pailleté.

Ensuite, il y avait le groupe avec qui il fallait surtout ne pas être. Le groupe des mal sapés et des moins avantagés. J'écris « moins avantagés », on comprendra : des moches, des laiderons, des boutonneux, des petits... J'ai toujours trouvé ça odieux et triste de catégoriser les gens selon leur physique. Tout le monde est différent ! Les vilains petits canards d'hier seront les plus beaux cygnes de demain. L'histoire, vous la connaissez...

Évidemment, entre les deux groupes, il y avait le monde du milieu. Immense contrée englobant forêts et marécages, îles et déserts, où des ados passaient leur temps à chercher leur identité. Des ados ne travaillant pas trop mal au lycée, n'étant pas trop moches, mais pas canons non plus. Habillés lambda, ni plus ni moins...

Oui, oui, vous voyez de qui je veux parler ! Eh bien moi, j'étais là, dans ce milieu, entre déserts et forêts.

J'espère que je ne vous choque pas, j'essaie juste de raconter mon ressenti à ce moment précis. Je pense que c'était finalement la place la plus dure à vivre, cette frange du milieu.

En effet, ceux qui étaient au « bas de l'échelle » se complaisaient entre eux. Ils étaient tous amis, et d'une amitié sincère! Vous savez pourquoi? Parce qu'ils ne se considéraient pas comme les plus moches et les moins bien sapés. Ils étaient eux-mêmes.

Les gens populaires, eux, n'avaient pas à se soucier de grand-chose finalement. Ils étaient également amis, reconnus des autres. Quoi de mieux?

Mais, pour toutes les personnes comme moi qui ne savaient pas trop où se situer dans tout ça, ce n'était pas si simple. La peur de perdre quelques points dans la cote de popularité car, croyez-moi, c'était le début de l'enfer. Disons que l'objectif était de se faire bien voir de tout le monde, pour espérer se faire inviter à une soirée, puis une autre et encore une autre, pour finir dans l'«*upper class*».

Sympa le lycée, non? Aujourd'hui, je ne ferais plus ça... vouloir à tout prix arriver là-haut.

Heureusement, tout le monde ne se préoccupait pas de cette ascension. Beaucoup étaient très heureux et ne se souciaient guère de monter en flèche.

Moi, je ne savais pas ce que je voulais. D'un côté, je n'aimais pas la manière de penser des gens haut placés, mais d'un autre, j'avais l'impression de ne plaire à personne, de ne pas être intéressante. En somme, d'être une fille quelconque.

Le lycée et le collège sont une réplique de la société... On n'y fait pas de cadeaux. Une seule erreur, et c'est la chute libre. Pas de rattrapage possible. Se battre continuellement afin de devenir qui l'on est tout en respectant les autres, cela ne se passe pas au lycée. C'est la guerre... la guerre de la reconnaissance, de la popularité.

Quelques-uns gravissent les marches du plus bas au plus haut en à peine six mois. Bravo la performance, pour ma part j'ai échoué.

Je me souviens d'une fille vraiment pas populaire, appartenant au groupe des «loosers» – si le mot n'est pas trop fort –, qui avec le temps a progressé de groupe en groupe (en passant par le mien) jusqu'au sommet de l'échelle.

Sa force : la discrétion. Personne ne s'en est jamais rendu compte, jusqu'à ce qu'elle commence à devenir la fille populaire de base. De base signifie : plutôt méchante sur les bords, à rabaisser et critiquer toutes les personnes qui n'étaient pas à son niveau.

«Qui est-elle pour cracher sur les gens comme ça?» Je me suis souvenue de cette fille qui portait des couettes jusqu'en quatrième, qui s'habillait à l'aveugle le matin et qui rigolait fort pour rien.

Le déclic...

La popularité nous fait devenir ce que nous ne sommes pas. C'est juste un genre que l'on se donne pour ne pas tomber plus bas. «Et si toutes les personnes populaires se laissaient aller à être qui elles sont vraiment, ce ne serait pas plus simple?» C'est la question que je me suis souvent posée.

De mon côté, j'avais pourtant eu quelques moments de «gloire». Je jouais de la guitare aux fêtes de l'école.

Je chantais aux cours de musique, c'étaient mes petits moments à moi, ma façon d'essayer d'être spéciale. Mais, bien souvent, être différente des autres et se faire remarquer pour autre chose que les vêtements ou l'argent, ce n'est pas bien accepté.

Forcément, vous vous en doutez, cela ne s'est pas hyper bien passé pour moi, mais nous y reviendrons plus loin.

Quand j'y repense, je regrette de ne pas avoir su rester à ma place, de ne pas avoir eu la force de demeurer moi-même. Cette histoire de popularité nous suit toute notre vie, malheureusement, pas seulement au collège ou au lycée.

Quand vous aurez trouvé un travail, ce sera sûrement la même chose. Il y aura toujours des personnes pour vous rabaisser ou vous faire passer pour celle que vous n'êtes pas.

Vivez votre vie comme vous l'entendez. Ne vous laissez pas dicter vos choix par les autres, tout ça pour rentrer dans les clous. Soyez vous-même. La vie est faite de différences, les gens doivent vous accepter telle que vous êtes, pour ce que vous êtes. Et s'ils n'arrivent pas à le faire, aidez-les... ou quittez-les.

Croyez-moi, la vie est bien plus simple si on se contente de ce que l'on est ! Ne changez pour personne, sinon, votre naturel reviendra aussitôt, et risquera de tout gâcher.

Le chapitre est terminé. Il neige encore. La batterie de mon ordi est en train de rendre l'âme. Cinq pour cent, vite, vite... commande S, et tout sera enregistré. Fichier sauvegardé, journée sauvée.

IX

#NAH

Non au harcèlement à l'école

Il est très tôt ce matin, beaucoup trop tôt pour moi. Je n'ai pas envie de me lever. Je n'ai pas dormi, je n'ai pas pu dormir. Encore les mêmes images, les mêmes phrases qui reviennent sans cesse, toute cette journée à l'école, la veille, l'avant-veille...

Des jours que ça dure, des nuits aussi. Le temps s'est arrêté. Quand ? Je ne sais plus.

Je n'ai pas dormi, je ne dors plus, trop fatiguée, trop pleuré, trop de trop. Pourtant ce matin, même s'il est encore tôt, la boule dans le ventre, je devrai aller à l'école.

C'est bien, l'école. On y apprend plein de choses, on se cultive, on fait du sport... L'école, c'est obligatoire. Ce qui ne l'est pas, c'est le harcèlement.

Les matins d'hiver, lorsque je partais là-bas, dans ce que j'appelais l'enfer, le brouillard me donnait l'espoir de ne jamais trouver cette «putain d'école». Je la haïssais, avec tout ce qu'il y avait dedans. Pourquoi?

Parce que là-bas on me haïssait également. Cercle vicieux, haïr ceux qui vous haïssent. Pas de solution, comment faire? Partir, mais où? Vraiment partir? Des questions, toutes ces questions qui m'empêchent de dormir, qui me font peur, qui me font pleurer.

Je garde le silence, le silence est d'or et la parole est d'argent... Je garde le silence et pleure sur le chemin de l'enfer.

La journée sera longue, je pars tôt le matin avant la horde, la chasse n'est pas encore ouverte. Je me cache, devenue proie dans l'antre des démons, la classe, lieu de tristesse et d'angoisse. J'ai peur, derrière les bruits sauvages, les salves de haine. Pourquoi?

Je ne sais plus comment ça a commencé.

Peut-être est-ce moi la fautive? Inventer une histoire, aimer la musique rock, le skate... avoir un look différent... Je ne sais pas. Quelle qu'en soit la cause, on ne mérite pas ces brimades.

Je ne me souviens pas de la première attaque, ni de la deuxième, mais des autres, oui! Des milliers d'autres, à répétition, gratuitement, juste comme ça.

C'est quoi ce «ça», justement?

D'abord des moqueries et puis... mais laissez-moi vous raconter une histoire.

Il était une fois une fille de quinze ans qui vivait dans une jolie ville au cœur d'un beau et grand royaume.

Elle s'appelait Marie. Elle aimait le son des guitares, les ballades avec ses amis, tous musiciens. Son rêve était de devenir chanteuse.

Tous les jours elle chantait, elle aimait la vie, et les journées passaient vite. Ses amis aimaient bien Marie. Habillée à la garçonne, plutôt pantalon serré et godillots, vêtue de noir souvent. On l'appelait « bout de charbon ». Un petit surnom qu'elle aimait parce que le charbon, avant d'être froid, c'est chaud, et elle était comme ça la petite noiraude, un joli tempérament. Une fille avec de l'enthousiasme, de la gaieté. Alors elle chantait, allait voir des spectacles en famille...

Les jours passaient. Avec ses frères et sœur, elle organisait des concerts improvisés, ils jouaient ensemble à « Guitar heroes ». Une famille un peu rock'n'roll, des sourires, de l'énergie, des rires ensuite...

Dans ce royaume, il y avait des milliers de jeunes filles et de jeunes garçons. Obligation du roi, il fallait que toutes et tous soient instruits. Beaucoup d'écoles, de belles bâtisses, temples du savoir et de la transmission.

Marie adorait l'école, il y avait de bons professeurs, dans toutes les matières. Et celui qu'elle préférait, c'était le professeur de musique : un beau jeune homme avec une immense écharpe qui flottait au vent. Dès que le soleil était couché, les arbres de la cour se mettaient à bruisser. Des spectacles, elle en faisait beaucoup, depuis toujours. Ses professeurs aimaient son énergie.

D'accord, elle n'avait pas de jolies robes ni d'escarpins, mais le noir qu'elle portait donnait des accents aux croches des partitions de musique.

On aimait bien les mardis gras en famille, on se déguisait, on allait à l'école maquillé en chat, en pirate, en vampire.

Marie, curieusement ces jours-là, s'habillait en princesse ou en superhéros, Wonderwoman, Catwoman... Marie était bien une vraie fille, pas un garçon manqué.

Elle aimait la façon d'agir des garçons, la franchise, les coups d'épaule, les rigolades, et les écoutait jouer de la musique.

Une fois la petite école terminée, il lui fallut traverser seule la grande forêt pour parvenir au collège. Notre-Dame de je ne sais plus quoi...

Tout se passait bien, le compte à rebours devait l'emmener au firmament, la fameuse terminale et sa clef, le diplôme tant espéré pour devenir celui ou celle que l'on souhaite. Concrétiser ses rêves...

Six, cinq, quatre, trois... deux... Le compte à rebours s'arrêta.

Il faut lire sixième, cinquième, quatrième, troisième, seconde... Hélas, le temps ne défila plus. Un malheur venait-il de s'abattre sur le royaume ? Marie n'avança plus, quelque chose de mystérieux venait de se produire.

Une bête immonde, une entité pourtant bien humaine, un mélange de haine, jalousie, critique, violence, refus de la différence venait de prendre place ici...

Marie commença à se transformer. Les sourires disparurent sur son visage, dans ses yeux le terne vint remplacer les immenses étoiles. Pire encore, Marie ne chantait plus, ses amis, les vrais, étaient ailleurs.

Seule, elle commença à devenir triste, très triste, trop triste pour toute sa famille et un peu méchante, très méchante, trop peut-être... Aigrie?

«C'est l'âge», disaient ses parents. Ils ne voulaient pas voir que les petits bouleversements sont souvent le signe de grands chamboulements avec le temps... Ils n'ont rien vu, des milliers d'enfants avaient encore le sourire... Les frères et sœur de Marie, un peu surpris, croyaient que c'était ça, l'âge adulte. On grandit et on oublie que l'on a été enfant, fini les rêves...

Mais non, ce n'était pas ça.

Quelle était donc cette étrange maladie?

Le mage du quartier, celui qui connaissait les potions, ne trouva rien de particulier. L'adolescence, sans doute. Un peu de cure de racines énergisantes, du sommeil, des herbes pour la mémoire et puis des recettes, des conseils pour comprendre le secret des garçons. De grandes marches dans la nature, du soleil aussi. C'est beau le soleil, cela donne bonne mine.

Mais non, rien n'y faisait. Marie n'était plus la même. Qu'avait-elle fait? Avait-elle été envoûtée par un sorcier? Plus de chants, des pleurs qu'elle cacha long-temps à ses parents.

Dans son lit, sous la couette, dans sa cabane à elle, une cabane ouatée, elle pleurait. Son grand calme faisait place à une nervosité incroyable.

Un jour, son père trouva un écrit, tombé du lit, un petit livre griffonné aux pages froissées. Un cahier plutôt, c'était bien l'écriture de sa fille. Difficile de déchiffrer le texte. Par respect, le père referma le cahier et le lendemain, il partit vers le sud. De l'autre côté de la mer vivait une femme sans âge, aux pouvoirs divinatoires. Elle aurait sans aucun doute la réponse, elle aurait le remède à cette maladie.

Le voyage fut long et périlleux. Au matin du deuxième jour, arrivé enfin devant la demeure de cette femme, il entra sans frapper.

«Tu es le père de Marie, je t'ai vu venir, ta fille est sous le joug de "Harcelle". Beaucoup lui veulent du mal, je n'en connais pas la raison... Sais-tu qui est "Harcelle"?»

Le père restait silencieux, interloqué. Il n'avait pas ouvert la bouche et cette femme savait tout. Elle continua.

«C'était un être végétal, proche du jonc, de l'osier à dire vrai, qui vivait sereinement au bord du lac. Un jour on le captura, l'amputa pour en faire une baguette, oui, une baguette souple avec laquelle agacer, taquiner, provoquer sans faire du mal, en un mot harceler.»

Un long silence ponctua la scène.

«Il faut que ta fille te parle, attends qu'elle vienne vers toi, c'est pour bientôt. Elle est forte. Il faudra que tu sois fort aussi. Retourne chez toi, sa guérison sera ma récompense.»

Harceler. Quel mot étrange.

Le père rentra rapidement. En chemin, il croisa un vieil homme assis sur une souche d'arbre en lisière de forêt.

«Tu viens du sud, mon ami.

— Oui, je rentre chez moi, ma fille est malade.

— Qu'a-t-elle?

— Elle est sous le joug de "Harcelle".»

Le vieil homme remua la tête.

«Je connais bien... Mais ta fille n'est pas malade, elle subit, on la blesse, on l'humilie. C'est ça, "Harcelle". Aujourd'hui, on dit "Harcèlement".»

Le père ne comprenait pas très bien. Il resta un moment à écouter ce vieux sage.

«Le harcèlement, c'est comme une violence répétée qui peut être verbale, physique ou psychologique. Ta fille va à l'école?

— Bien sûr, répondit le père.

— Cette violence se retrouve aussi au sein de l'école. Elle est le fait d'un ou de plusieurs élèves à l'encontre d'une victime qui ne peut se défendre. Et aujourd'hui, la victime, c'est ta fille. Comment s'appelle-t-elle?

— Elle s'appelle Marie.»

Les deux hommes étaient assis l'un à côté de l'autre.

«Lorsque ton enfant est insulté, menacé, battu, bousculé ou reçoit des messages injurieux à répétition, on parle de harcèlement[1].»

---

1. Le harcèlement se fonde sur le rejet de la différence et sur la stigmatisation de certaines caractéristiques, telles que :

Le vieil homme continua son explication.

«Le harcèlement a trois caractéristiques : la violence[1], la répétitivité[2], l'isolement[3].

— Mais pourquoi ne m'a-t-elle rien dit ? »

Le père ne savait quoi penser. Il fallait rentrer au plus vite, que cela cesse.

«Merci, vieil homme, mais qui es-tu ? »

Le silence accueillit sa question. Alors, sans se retourner, le père traça plein nord retrouver ses enfants.

Il fallut du temps à Marie pour se mettre à parler de tout ça. C'était compliqué, elle se sentait coupable de ne pas être comme les autres. Coupable, sans comprendre pourquoi. Elle expliqua les sévices, ses affaires jetées

---

— l'apparence physique (poids, taille, couleur ou type de cheveux) ;

— le sexe, l'identité de genre (garçon jugé trop efféminé, fille jugée trop masculine, sexisme), orientation sexuelle ou supposée ;

— un handicap (physique, psychique ou mental) ;

— un trouble de la communication qui affecte la parole (bégaiement, bredouillement) ;

— l'appartenance à un groupe social ou culturel particulier ;

— des centres d'intérêt différents.

Le harcèlement revêt des aspects différents en fonction de l'âge et du sexe. Voir *agircontreleharcelementalecole.gouv.fr*

1. C'est un rapport de force et de domination entre un ou plusieurs élèves et une ou plusieurs victimes.

2. Il s'agit d'agressions qui se répètent régulièrement durant une longue période.

3. La victime est souvent isolée, plus petite, faible physiquement, et dans l'incapacité de se défendre.

dans les poubelles, l'isolement, bouc émissaire et responsable de toutes les histoires et rumeurs de l'école.

La liste était longue. Elle parlait puis déglutissait, pleurait puis parlait de nouveau.

« On va aller voir la grande maîtresse des lieux, il faut tout lui dire. »

Son père l'a prise dans ses bras et, quelques jours plus tard, ils eurent un rendez-vous au lycée.

Tout se passa sans anicroche. Les responsables furent convoqués et mis devant les faits. « Plus jamais, plus jamais cela ne devra recommencer. »

Marie quitta cet établissement en fin d'année. Un autre lui ouvrit ses portes.

Elle avait changé, la fille de quinze ans. Cette malheureuse expérience l'avait profondément marquée. Elle ne chantait plus vraiment, mais avait retrouvé son sourire. Autre chose était advenu, elle partageait désormais des moments de sa vie avec d'autres sur la Toile, un moyen de se libérer de ses douleurs.

Puis ce furent la première et la terminale, et le diplôme tant espéré, et le début des études...

Fin de l'histoire.

Certaines paroles du vieil homme sont tirées du site #NAH. Allez voir.

C'est un sujet sérieux, et ce conte ne devrait jamais exister.

Maintenant, je suis heureuse, je vous l'ai dit, vous le savez si vous gardez les conseils de ma vidéo en mémoire.

Peut-être que vous ne subirez aucun harcèlement, mais d'autres à côté de vous...

Parlez-en... Et moi maintenant je vais vous parler d'autre chose. On tourne la page...

Chapitre suivant, les moments de bonheur.

Des jours à écrire ce texte, des tasses de thé, touches et retouches, paragraphes effacés. Comment vous dire? Je veux passer à autre chose. Le moyen le plus efficace pour moi est de me faire deux ou trois épisodes d'une série télé. Tout ça en streaming, bien sûr, et me voilà bien décontractée. L'écriture prend du temps et le repos aussi. Je suis comme ça. Deux jours d'écriture et cinq jours de repos, enfin... De réflexions et carnet rose.

X

LA MÉLODIE DU BONHEUR

(comédie musicale américaine de Robert Wise, 1965)

Je pensais prendre plusieurs jours de repos afin de me ressourcer, mais la fièvre de l'écriture m'a reprise. En pleine nuit, quatre phrases écrites sur un bout de papier, quatre phrases sur le bonheur et l'espoir. Quatre phrases qui ont grandi depuis cette nuit, je vous les livre à présent.

Chaque jour contient son lot de déboires et de bonheur. Pour les premiers, n'ayez aucune crainte, ils viennent sans que vous le demandiez, c'est leur caractéristique. Juste là au mauvais moment, bien sûr, et *pan!* prenez-vous ça dans la tête. J'ai écrit «déboires» mais je vous connais, laissez partir votre imagination et donnez un mot pour chaque truc qui vous bouffe votre journée. Vous verrez que «déboires» n'est pas le mot, moi je dirais plutôt: «Encore une journée de merde.» Désolée pour le gros mot mais, vous le savez aussi bien que moi, on n'a que des journées de crotte, non?

Ah oui, c'est tout moi ça, je veux mettre des mots jolis pour faire bien, et je me retrouve à écrire des mots pas beaux. Marie qui fait un truc en pensant à un autre... Mais j'y reviendrai plus tard.

Comme j'étais en train de vous le dire, les journées ont aussi des moments géniaux, une super journée avec du bonheur. Sauf que souvent, le bonheur, eh bien il faut aller le chercher et ça, c'est plus difficile. Cela demande des efforts. J'ai commencé à bien comprendre que le bonheur ne venait pas tout seul. Enfin, je veux dire, il faut le faire apparaître. Souvent caché, discret, il est aussi le compagnon des moments durs, des périodes difficiles.

En gros, il y a toujours du bonheur dans une journée pourrie et il faut de très bonnes lunettes pour le voir. Alors, les filles, premier conseil: si vous êtes levées et que la journée commence mal, sachez qu'il y aura toujours un moment super. Un petit SMS d'une copine, une bonne nouvelle, un super repas de maman ou papa. Chez mes parents, c'est mon père qui fait la cuisine. Et ça, c'est vraiment du bonheur.

Quoi d'autre? Ah oui, le prof qui s'est trompé de copie à la correction... Et donc, le 3,5 que vous aviez eu dans l'incompréhension totale, criant à l'injustice, hurlant même «Mais c'est pas vrai, quelle journée de m...», eh bien non, ce n'était pas votre copie mais celle du voisin, dont vous êtes éperdument amoureuse, vous avez eu 9,4!

C'est mieux, non? Oui, je sais, je ne vous ai pas donné un 17 parce que là, ce n'est pas du bonheur, c'est le kif total. Mais être amoureuse d'un garçon qui a eu 3,5, il faut vous poser des questions, sauf s'il est très beau et très drôle...

Plus sérieusement, c'est vrai que nous vivons tous des moments difficiles, et je sais de quoi je parle. Des moments où plus rien ne va, où les pires idées nous traversent l'esprit parfois, des pleurs au fond de son lit, en classe discrètement, sur un banc du parc ou bien à l'arrêt de bus. Ce bus qui n'arrive jamais et qui fait durer ce moment de solitude à l'infini.

Nous connaissons tous et toutes ces instants, et moi je vous dis: «Non!» Ne les oubliez pas, bien au contraire, gardez-les en mémoire, utilisez-les pour trouver la cache secrète du bonheur. Un jour de pluie, assise sur votre banc, triste, eh bien regardez en dessous de ce banc, il y aura peut-être quelque chose! Regardez à droite, à gauche, en l'air si vous le pouvez! Il y aura toujours quelque chose pour vous dire: «C'est pas si mal, la vie, j'avais jamais vu cet arbre-là, ni ce nid, ni cet oiseau, celui que je n'entendais plus depuis longtemps...»

On ne voit les mauvaises choses que parce qu'il y en a de bonnes. Un peu comme les nuages dans un ciel bleu. Si le ciel était toujours gris, on ne verrait jamais les nuages, vous n'êtes pas d'accord?

La vie serait grise sans bonheur, mais sans tristesse elle le serait aussi. C'est pour cela que j'aime la vie, que j'aime partager avec vous mes moments de joie et de tristesse, mes coups de gueule, mes rires et mes bêtises. Et je suis sûre qu'un jour, sous le banc où vos fesses sont posées, il y aura un petit je-ne-sais-quoi qui vous fera sourire et votre journée ne sera plus pareille. LOL...

Je vais vous raconter une histoire. J'avais quinze ans. Mon année de collège n'était pas des plus merveilleuse. Je me cherchais et on me cherchait aussi. Mais bon, je me disais : c'est la vie des ados de se chercher, quitte quelquefois à blesser l'autre.

Je trouvais un garçon mignon, beau gosse, un peu vaurien. Ses blagues avec ses copains me faisaient rire et m'impressionnaient. C'étaient souvent les trucs les plus crados : concours de rots, sandwichs au crachat, enfin tout ce que les garçons peuvent imaginer pour se rendre intéressants. Je crois que c'est ce qui me plaisait chez lui. Il était un peu chef de bande mais discret en classe, rebelle mais avec d'assez bonnes notes, pas 3,5, évidemment !

La journée n'avait pas bien commencé, j'avais mal au ventre, pas faim et le temps était bizarre : un brouillard fin qui rendait ma peau brillante alors que j'avançais dans la rue. Pour aller au collège, il y avait deux possibilités : soit la route, soit le parc. L'une moins rapide mais chaussures nickel, l'autre beaucoup plus rapide mais chaussures crottées façon cow-boy. Moi, j'ai toujours eu un peu peur de ce parc, car il est tout en montée et l'on commence par traverser un petit bois. J'avais l'angoisse de voir apparaître un homme, un serial killer, un monstre, un lutin – enfin, quelque chose ou quelqu'un.

J'ai décidé de prendre encore une fois mon courage à deux mains et de traverser ce bois qui, ce jour-là, avec le brouillard, était devenu un monde étrange et subtil, avec des lambeaux de voile sur les branches des arbres dénudés, des ruisseaux de coton léger rampant sur le sol, une forêt désenchantée – un cauchemar pour une fille comme moi.

Autour du cou, je portais une écharpe façon keffieh blanc et noir. J'aimais sa douceur et la chaleur qu'elle me procurait. J'étais pas loin de penser que cette journée était pourrie. Pas trop envie d'aller à l'école, mal fichue, pas de copains et un peu la tête de Turc de la cour. Mais bon, pas le choix. La journée se passa comme les autres, un peu moins de moqueries peut-être, je ne m'en souviens plus vraiment.

C'est à la sortie des cours que tout débuta, je n'eus pas le temps de comprendre ce qui m'arrivait. Un homme déblatéra sur mon écharpe, ne la trouvant pas à son goût, commença à me bousculer et à me frapper. Je ne comprenais rien, j'avais mal. Je venais de recevoir un coup de boule sur le visage, j'étais presque au sol.

La violence vous touche et la peur est présente immédiatement, la douleur vient après. À ce moment, j'aurais voulu être dans ce bois qui m'effrayait, mon petit bois de conte de fées, je venais de saisir que jamais je n'avais eu vraiment peur sous les nappes de brouillard, ni au milieu de ces visages blafards, déchiquetés, mais si accueillants pourtant.

Les secondes passaient et je prenais coup sur coup, personne ne bougeait, je me souviens d'avoir crié et puis, soudain, le silence... Mon agresseur venait de se faire éjecter, poussé hors de ma vie par mon beau gosse. Lui entrait dans ma vie, il repoussa l'individu qui était un pauvre bougre, un SDF qui traînait souvent dans le quartier mais qui n'avait jamais agressé qui que ce soit. Ce jour-là, l'alcool, la drogue, l'écharpe, on ne sait pas, je fus sa proie.

Il s'enfuit sans que l'on puisse le rattraper. Mon sauveur était là, les élèves le regardaient m'aider à me relever.

«Tout va bien, Marie. Qu'est-ce qui s'est passé?» Il regardait partout en disant ça.

«J'en sais rien, il m'a tapé dessus à cause de mon écharpe.

— Il est pas bien, ce type...

— Je ne sais pas.»

Nous sommes restés un long moment avant de réaliser ce qui s'était passé. Il me tenait la main, je tremblais et son regard me rassura. J'entendais des rires, mais aussi des interrogations. Ma journée pourrie venait de se terminer et j'avais le bonheur d'avoir un sauveur, justement ce garçon qui me faisait rire... J'avais désormais un ange gardien, il ne fut jamais mon petit copain mais un véritable ami qui m'avouerait plus tard avoir été un peu amoureux de moi.

Il m'a raccompagnée chez moi en passant par le parc. De ce jour, ce grand carré de végétation devint un havre de paix pour moi. Il n'y avait aucune violence au creux de ces arbres, de ces fougères, de ces buissons. Que la peur que j'y mettais. La peur que je transportais.

J'ai raconté l'histoire à mes parents, nous sommes allés au commissariat faire une main courante, et puis plus rien. Aucune suite. J'avais un voyou ange gardien et le lendemain, à l'école, tout le monde me posa mille questions, même ceux qui me détestaient. Moi, j'étais ailleurs, mes pensées tournées vers quelqu'un d'autre.

Avec le recul, je dirais que ce fut un moment de bonheur. Il y en a eu des centaines et curieusement, nous avons du mal à nous en souvenir. Amusez-vous à les noter sur une feuille, dans un carnet, tous vos moments de bonheur. Vous en avez eu, c'est sûr. Un cadeau, un anniversaire, un Noël, une médaille en sport, des après-midi shopping, des rigolades avec les amies, des farces aux copains... Notez tout ça. Que de souvenirs merveilleux, je vous assure.

Tout ce chapitre s'est fait d'une traite. Je ne vous parle pas des corrections.

Parce que ça, c'est pour moi la partie la plus importante. La plus drôle aussi, vous n'avez pas la chance de me corriger. Bonjour les fautes, les gaffes et les retours en arrière pour être sûre de ne pas vous raconter n'importe quoi. Une page d'écriture et trois jours de reconstruction, de découpages et de rectifications. Pour mes vidéos, c'est un peu la même chose. N'empêche, je travaillerai demain sur la correction du chapitre suivant.

XI

L'ARGENT DE POCHE

(film de François Truffaut, 1976)

Corrections terminées, trois jours de travail, je vous l'avais dit. Je me suis bien amusée, mes doigts aussi, à vrai dire. Je tape des mots, puis je les efface, je les réécris, je les corrige et vous les livre.

L'argent de poche... Imaginez-vous en legging ou fuseau. Elles sont où, les poches? Il n'y a que le tregging, à la limite, qui supporterait mon argent. Ben oui, lui il en a, des poches...
Trêve de plaisanteries.
Je trouve que cette expression, «l'argent de poche», est plutôt dépassée, mais curieusement on l'emploie toujours aujourd'hui, et même beaucoup.
Pourquoi je vous parle de cela? En ce qui me concerne, je n'ai jamais ressenti le besoin d'avoir de l'argent de poche jusqu'à ce que... mes copines en aient. Tout changea, comme le reste d'ailleurs... Pas pour vous?

J'ai dû en parler à mes parents à l'âge de treize ans, et ils ont été assez surpris. Les sourcils qui se lèvent au ciel, une mine renfrognée, le front un peu plissé, «Mais pour quoi faire?» s'étonnèrent-ils. Réaction logique à une question qui tombait sous le sens pour moi, mais que je n'avais pas encore bien expliquée.

Oui, en fait, pour quoi faire? Je répondis un peu dans le vague, haussant à mon tour les épaules, regardant mes chaussures, avant de lâcher: «Je sais pas, moi, m'acheter des vêtements, sortir avec mes copines...» Ma phrase resta en suspens, continuant sa course dans un silence étrange.

Mes parents me rétorquèrent qu'ils me payaient déjà mes vêtements et que, pour les sorties, si mes notes étaient bonnes, il y aurait une possibilité... Ensuite, ma mère partit dans un long monologue dont elle a le secret, me disant que je n'avais à payer ni la nourriture, ni le loyer, ni les impôts et que donc cet argent de poche serait pour le moment inutile, enfin que ce n'était pas nécessaire, que je ne manquais de rien, etc., etc.

«Mais c'est pas à moi de payer les impôts! N'importe quoi...» Je crois qu'elle s'était un peu mélangé les pinceaux.

Mon père, toujours égal à lui-même, fit une analyse stricte du sujet, avec mise en situation, réflexion, humour décalé, à la fin tout juste si ce n'était pas moi qui devais lui donner de l'argent. Non, j'exagère, il tomba d'accord, mais à la condition que j'aie de bonnes notes à l'école.

Pour information, lorsque j'écris « mes parents », vous devez comprendre que c'est chacun son tour, car, comme vous le savez, ils ne sont plus ensemble sous le même toit, ils sont – en langage courant – divorcés.

Après quelques semaines de négociations et de notes correctes, nous finîmes par nous entendre sur 20 euros par mois, pour déjeuner en dehors du collège avec mes amis de temps en temps. Mine de rien, ça fait quand même 240 euros par an !

Dans mon lycée, les sommes que recevaient certaines des filles les plus « populaires » faisaient pâlir d'envie beaucoup d'entre nous. Nous venions toutes de milieux différents, l'argent de poche de certaines dépassait les 100 euros par semaine, d'autres n'avaient rien du tout. Moi, j'étais au milieu avec mes 20 euros, chanceuse, oui...

100 euros... Mais d'où sortait tout cet argent ?!

Je n'éprouvais aucune jalousie, mais j'avais du mal à comprendre comment des parents pouvaient donner autant à leur enfant, augmentant les inégalités. Mais, je vous le répète, je n'étais pas jalouse. Le soir, lorsque je rentrais chez moi, j'en parlais à table et mes parents, eux non plus, ne comprenaient pas. Enfin, ils me disaient que 20 euros pour certains, c'était l'équivalent de 100 pour d'autres, et que ce calcul pouvait se répéter à l'infini...

J'avais le sentiment d'avoir besoin de cet argent de poche, sans avoir pour autant d'envies particulières, mais juste pour me sentir comme les autres. Comme si un billet de 20 euros mensuel avait le pouvoir de me faire monter dans les échelons de popularité au lycée ou de me rendre plus jolie.

La vie est dure au lycée : les préjugés, le look, le swagg, l'influence... La popularité, quoi. Tout est passé au filtre de nos regards d'ados... Assister aux conseils de classe, diriger des spectacles, chanter, être quelqu'un... L'argent de poche faisait également partie des critères de jugement. Au collège déjà, les gens s'intéressaient plutôt à ta doudoune qu'à ton état d'esprit. C'était difficile de se faire remarquer par sa personnalité. Par ses bêtises oui, par ses mauvaises notes oui, alors si 20 euros par mois pouvaient faire pencher la balance de temps en temps du bon côté, pourquoi pas ?

Mes parents en sont restés à la même somme jusqu'à la fin de ma scolarité. Rien de tel que la permanence... Gelé dans la glace de l'Antarctique.

Au fil des semaines, mon esprit d'indépendance commença à se développer. Mais avant de débuter les petits boulots, j'attendais quand même mes « *little* » 20 euros avec impatience en début de mois, et je ne manquais pas de le rappeler à mes parents s'ils avaient ne serait-ce qu'un jour de retard.

Je voulais être autonome... Il me fallait être patiente.

Une fois le butin en poche, qu'est-ce que j'allais bien pouvoir en faire ? Économiser pour m'acheter quelque chose de cher ? Ou bien le dépenser en cookies à la boulangerie à la fin des cours ? Telle était la question.

Au bout du compte, voilà ce qui se passait réellement. Je commençais par économiser avec pour objectif un joli pull ou un jean de marque. C'est ça, la popularité...

Pour éviter que ma sœur, ou un petit lutin sorti de sous mon lit, ne me vole mes précieux billets (je suis un peu paranoïaque), je les gardais toujours avec moi dans mon porte-monnaie, malin n'est-ce pas?

Eh bien pas tant que ça. Tout d'abord, quoi de plus normal que de mettre son argent dans un porte-monnaie, qui lui-même doit être dans un sac à main? Et qui dit sac à main, dit sac à main de fille. Ce qui implique d'avoir tout l'attirail nécessaire à l'intérieur: trousse de maquillage, téléphone, miroir, parapluie, mouchoir, chatons, aspirateur... Quoi, je m'emballe? Pardon, j'ai tendance à copier Mary Poppins...

Mais mon porte-monnaie, qui était l'objet le plus important, se transforma vite en porte-cartes: carte de bus, cartes de fidélité tant convoitées, et gardées très précieusement.

Je ne sais pas pour vous, mais moi, dès que je peux en avoir une, je la prends. J'avoue qu'aujourd'hui, je n'en peux plus. J'en ai trop, mais je les garde quand même. On ne sait jamais.

Et, bien évidemment, dans mon porte-monnaie, mes sous! Sauf que c'est bien d'avoir des sous, mais pour combien de temps? Et le problème si on les a toujours à portée de main, c'est que la tentation est encore plus forte. J'avais toutes mes économies sur moi tous les jours. Je devais être un peu inconsciente et c'était aussi plutôt risqué (oui, pensez aux histoires de racket dont vous parlent sans cesse vos parents!).

Bref, la sortie des cours était le moment propice pour dépenser mon argent. Je devais passer devant une boulangerie pour rentrer chez moi et leurs cookies étaient vraiment à tomber par terre. À 2 euros le précieux biscuit, je me disais: «Bon, allez, je craque pour aujourd'hui, j'ai eu une longue journée.» Mais à force de se dire ça tous les jours, au bout du compte, on n'a plus rien. PLUS RIEN.

La seule chose qui me sauvait parfois, et ça c'est le secret des sacs de filles, c'est que vu tous les objets utiles qui envahissaient mon sac, je ne retrouvais pas mon porte-monnaie tout de suite, le bus passait à ce moment là, et *hop*, 2 euros d'économisés. Malheureusement, ces occasions de ne pas dépenser étaient rares.

Les sacs de filles sont des cavernes d'Ali Baba. Trouver son porte-monnaie est souvent beaucoup plus facile que son rouge à lèvres. Comme par hasard, quand tu cherches à te faire belle parce que le beau gosse de la journée arrive en face de toi, le gloss magique a disparu.

Dans la précipitation, tu vides ton sac sur le trottoir et tout le monde découvre ta quincaillerie. Bonjour la séduction! Toi, accroupie en train de fouiller ton sac comme une dingue. Le beau gosse t'aura remarquée, c'est sûr, mais pas pour la bonne raison.

Continuons l'histoire. Une semaine environ après avoir reçu mon argent de poche, et après un régime cookies, j'étais sur la paille, contrainte de regarder les clients de la boulangerie en manger sans pouvoir y toucher. Elle était dure, ma vie, n'est-ce pas?

L'autre option, c'était de dépenser mon argent dans cette même boulangerie, mais pour déjeuner à l'extérieur du lycée plutôt qu'au self. Sauf que je ne dépensais plus 2 euros, mais 8. Forcément, ça partait quatre fois plus vite!

Le choix n'était pas si difficile que ça. J'étais gourmande, mais un petit repas entre copines ça n'a pas de prix. Il fallait donc que je sois autonome. Prends-toi en main, Marie...

Pour gagner un peu d'argent, j'ai commencé à faire du baby-sitting. Je ne connaissais pas beaucoup de monde et je n'avais jamais pensé à mettre une petite annonce sur le panneau de cette fameuse boulangerie.

La première fois, c'était chez une amie de ma maman. Je devais garder ses petits monstres de 19 heures à minuit, rien de trop difficile, surtout que toutes mes soirées baby-sitting se finissaient devant le film *Juno*!

J'étais payée 5 euros de l'heure, du coup le calcul était vite fait. Je pouvais gagner en quatre heures ce que me donnaient mes parents chaque mois. J'étais d'accord pour toutes les soirées et j'espérais que les parents sortent tous les jours pour me faire un «max de thunes», tant pis pour leurs enfants abandonnés, et à moi le pactole!

Pour autant, c'était devenu un vrai plaisir d'aller les garder (pas étonnant quand on peut gagner de l'argent facilement, je plaisante...). Non, vraiment, au-delà de l'argent, j'aimais bien ce genre de soirée. L'ambiance, se retrouver seule, pas chez soi... un avant-goût d'autonomie, pouvoir faire ce que l'on veut... Bon, mon but était de coucher les enfants le plus rapidement possible pour être tranquille. Je commençais par les faire dîner (c'était le plus long) et ensuite, direction le lit!

De mon côté, je passais la soirée sur le canapé. Mais j'avais toujours cette sensation bizarre... Dans le noir et dans un lieu que l'on connaît pas, on a vite peur du moindre bruit. Enfin, je ne sais pas pour vous, mais pour ma part, une chasse d'eau tirée à l'étage du dessus suffisait à me rendre paranoïaque. J'allais être agressée par un type en caleçon...

On aime bien se faire peur. Et me voilà en train de regarder de tous les côtés pour m'assurer qu'aucune personne malintentionnée ne s'est introduite dans l'appartement sans mon accord. Je suis la baby-sitter, quoi!

Mais non, personne. Je n'étais quand même pas rassurée. J'avais surtout hâte que les parents rentrent et qu'ils me ramènent chez moi. Le papa me raccompagnait en voiture et, devant mon immeuble, c'était l'instant solennel du «lâcher de billets»!

J'exagère, mais ce moment me mettait très mal à l'aise, sans que je sache pourquoi. On me donnait l'argent qui m'était dû et j'étais gênée. Mais bon, j'avais enfin le précieux butin!

J'ai continué le baby-sitting jusqu'à la fin du collège. Quand je suis entrée au lycée, les enfants que j'avais l'habitude de garder étaient devenus assez grands pour se garder eux-mêmes. Dommage...

Il me fallut trouver un autre moyen de financer mes cookies.

Et c'est là que j'ai découvert les petites magouilles, arnaques, débrouillardises pour se faire un peu de « *money* ». Rien de grave, et des ruses qui me faisaient même bien rire !

En première, j'avais deux bonnes amies. On était tout le temps ensemble, quasiment inséparables (je dis quasiment, parce que les disputes, ça arrive).

L'une d'elles avait pour habitude de payer son déjeuner avec les tickets restaurant de ses parents, sur lesquels il est impossible de se faire rendre la monnaie.

Jusque-là, rien d'anormal. Sauf que la tromperie se faisait à cet instant. Notre amie nous demandait de lui donner la somme que nous avions prévu de payer pour déjeuner et elle payait nos trois repas avec ses fameux tickets. Faisons un peu de mathématiques : le repas pour nous trois coûtait 24 euros, nous lui donnions 16 euros, elle payait avec 3 tickets de 10 euros, ce qui faisait 30 euros pour 24 euros d'achat. Pas de monnaie rendue. Mais voilà, elle avait quand même 16 euros dans sa poche. C'étaient nos sous à nous ! Habile, non ?

Si ses parents avaient su ça... Mais s'ils feuillettent ce livre, ils sont au courant maintenant !

En tout cas, des sous, mon amie s'en faisait, puisque tous les midis, c'était la même manigance ! Elle avait aussi cette manie de récupérer toute la petite monnaie dont personne ne voulait (vous savez, ces petites pièces de 1, 2 ou 5 centimes dont on ne sait jamais quoi faire).

Je me demandais toujours ce qu'elle pouvait en faire. Au final, elle allait dans les cafés et demandait le change. Les commerçants étaient ravis, et elle aussi. Cela en faisait, des euros!

Quant à mon autre amie, elle ramassait les cerises tous les étés pendant un mois, ce qui lui permettait de gagner un peu d'argent pour tenir durant l'année scolaire.

Mais comme c'était plutôt le genre de fille dépensière, son butin filait en aussi peu de temps qu'il faut pour manger un kilo de cerises.

Et moi, dans tout ça? Je n'avais pas de tickets restaurant et je ne faisais pas la cueillette des cerises. J'avais commencé mes vidéos sur Youtube, cela me plaisait et en plus, une petite rémunération commença à tomber.

Comme je vous le disais plus haut, je n'ai jamais été jalouse de celles qui attendaient 400 euros par mois de leurs parents. C'est un autre style de vie, mais j'ai toujours aimé l'autonomie. Dès que mes vidéos ont été rentables, j'ai refusé tout argent de poche de mes parents.

Au lycée, mes amies devaient pour la plupart se débrouiller pour se nourrir le midi, s'acheter un pull ou sortir tout simplement. Elles devaient travailler et faire des petits boulots, ou bien trafiquer avec les tickets restaurant.

Je trouve géniale la débrouillardise, l'inventivité, le travail quel qu'il soit, mais toujours en respectant les règles.

Mes amies faisaient partie de ces gens-là et je suis très fière d'avoir pu évoluer et grandir avec elles, pour qui rien n'était dû et qui m'ont aussi fait comprendre la chance que j'avais de gagner mon argent de poche en faisant des vidéos sur Youtube.

Pour les autres filles, étaient-elles responsables ? Je ne crois pas, leurs parents avaient sans doute leurs raisons de les gâter ainsi. Je suis sûre qu'aujourd'hui, certaines d'entre elles sont super autonomes, car l'autonomie c'est également se séparer de ses parents, grandir.

J'ai adoré ces petits instants de bonheur, m'acheter mon cookie chaud à la sortie des cours, déjeuner dehors avec mes amis. Économiser pour m'acheter quelque chose de plus cher, être frustrée chaque fois que je passais devant la boulangerie, et être heureuse une fois mon gros achat entre les mains. Chacune sa méthode, chacune ses envies, mais, selon moi, l'argent est fait pour être dépensé et, comme dit mon père avec un peu de cynisme et de réalisme : « Il n'y a pas de riches au cimetière. »

Quel conseil vous donner ? Que vous fassiez partie de celles qui ont de l'argent de poche ou de celles qui font des petits jobs pour s'en procurer, prenez le temps de bien connaître la valeur de ce que vous avez. Cherchez, renseignez-vous et puis, avec votre petit pécule, faites-vous plaisir à vous ou à vos parents, à vos amis.

Une chanson, qui n'est pas de notre génération, m'a beaucoup touchée lorsque je l'ai entendue pour la première fois.

Elle dit simplement ce que nous les ados, les enfants qui grandissons, avons un peu oublié – tapez «Cadeau» de Marie Laforêt dans votre moteur de recherche favori et écoutez.

J'ai écouté de nombreuses fois cette chanson. Je l'avais en fond sonore durant mes heures d'écriture. Rien de plus simple de nos jours. Fichier Mpeg sur Appli iTunes, clic sur la bonne icône, en shuffle s'il vous plaît, et le tour est joué.

Musique qui tourne sans cesse, carrousel lancinant, et mes mots qui suivent le tempo.

XII

LES CONFESSIONS
D'UNE ACCRO DU SHOPPING

(film de Paul J. Hogan, 2009)

Ma tasse de thé vert, ma bougie et ma musique en shuffle, tôt ce matin – il n'y a pas d'heure pour les braves –, je me mets au travail, je suis un peu à la bourre...

La société dans laquelle nous vivons est régie par les apparences. Il ne faut pas se le cacher. Moi-même, sans détour aucun, j'assume le fait de parler beaucoup de look dans mes vidéos. Mais, pour autant, il ne faut pas que cette société rende invisibles les qualités comme la gentillesse, l'intelligence, la culture, l'écoute, le partage et les dizaines d'autres qu'il vous suffit d'imaginer.

La mode fait partie de notre société, elle crée en nous des désirs qui, en fin de compte, nous rendent malheureuses. Je m'explique. Nous avons toutes eu, à un moment, l'impression de ne pas être à la mode, de ne pas nous sentir comme les autres, d'être un peu décalées, parce que pas dans «le mouv».

Tous les jours, des marques apparaissent de je ne sais où. «New Brand Corporation 1967 Ltd.» et autres noms à rallonge qui font vintage, qui font que, quand tu n'as pas cette inscription sur le tee-shirt que tu viens d'acheter, sur l'épaule du blouson de ski doudouné que tu t'es offert avec tes trois ans d'argent de poche, eh bien, t'es pas dans le coup. C'est comme ça.

Alors, pour avoir le look au lycée, ne pas être la has been de service, pour accroître ta popularité, te voilà dans les rues ou devant ton écran à faire du shopping.

Oui, les sorties en ville, c'est pour flâner certes, mais aussi pour faire du lèche-vitrines.

Oui, c'est pour draguer les garçons, mais surtout pour essayer ces fameuses bottes en cuir.

Oui, c'est pour aller au ciné, bien sûr que oui, mais aussi pour dépenser cet argent durement gagné à coups de baby-sitting et de ménage à la maison dans des babioles.

En fin de compte, si nous sommes malheureuses de ne pas pouvoir obtenir toutes les fringues du monde, nous adorons la sortie en ville pour nous en payer au moins une.

Nous sommes ainsi faites... Vive les soldes qui nous offrent l'espoir d'obtenir deux vêtements de plus, et nous laissent frustrées du troisième. Mais on s'en fiche!

Je caricature un peu. La mode, c'est la mode. Et c'est le samedi que j'aimais me mettre au diapason. Pas encore de cours le matin, le lycée serait pour plus tard. Donc le samedi était le grand jour.

Toute la semaine, mes copines et moi, nous préparions cette virée en ville. Quand je dis ville, je devrais être plus précise : disons centre-ville pour la plupart du temps, centre commercial proche de la gare et quartier près des quais. (Les Lyonnaises se reconnaîtront.)

Le timing était essentiel. « Bon, on se retrouve à 10 heures devant la gare... Ok. » « T'es sûre que ce n'est pas trop tard ? » « Pourquoi ? Les boutiques ouvrent à quelle heure ? » La discussion commençait le lundi matin et le vendredi soir nous n'étions toujours pas d'accord sur le lieu ni l'heure du rendez-vous.

Une semaine de négociations entre celle qui voulait faire une simple balade parce qu'elle n'avait pas un sou en poche, celle qui, se sentant seule depuis des mois, espérait trouver l'âme sœur au cours de cette promenade. Et l'autre, accro au shopping, qui ne comptait pas son argent, cadeau de ses parents. Nous n'étions pas d'accord sur le pourquoi de la sortie, mais le samedi... c'était virée en ville.

Première étape, obtenir l'accord des parents. Marchander les heures de sortie autorisées. « 10 heures, 19 heures, ça va ? » « Mon travail pour lundi ? Ah oui, 18 heures alors... » Bon, bon, ça va pas être simple. Moi, avec mes parents divorcés, j'étais toujours dans le calcul. Samedi je suis avec qui? Papa aïe, maman ouais, papy-mamie bof... je verrai bien.

La semaine ne passait décidément pas vite. Les cours duraient des heures. Le vendredi soir, à la sortie, les sourires, et quelquefois l'hystérie, se propageaient sur les dix mètres de trottoir devant le collège. Bousculade, clin d'œil, «On se voit demain... À quelle heure déjà?» Nous n'avions toujours pas résolu le problème. «Je t'appelle ce soir.»

Ma copine venait de rater son bus, elle allait rentrer un peu plus tard, et peut-être que ses parents ne voudraient plus la laisser sortir. Angoisse de jeunesse, paranoïa aiguë, la sortie du lendemain était foutue.

«Je t'appelle dès que je rentre.» Mais elle vient de me le dire!

Pour ma part, je n'avais qu'à traverser le petit parc pour rentrer chez moi. Faire vite les devoirs du week-end, mettre la table, préparer le repas, débarrasser la table... Je sortais cette dernière idée de ma tête, très vite. J'en avais assez fait, me disais-je.

Le programme de la soirée étant rempli, l'accord des parents obtenu, j'allais dans ma chambre avec plein d'images dans la tête. 45 euros dans le porte-monnaie, le sac préparé, il ne restait plus qu'à savoir ce que je porterais le lendemain. Le temps qu'il ferait: aucune importance! Le maquillage à ne pas négliger, pas trop quand même, il faudrait que je sorte discrètement de la maison.

«Mais elle m'a pas appelée, cette débile!» *2main RDV 10h gare, 2van boulangerie.* SMS envoyé. Facile.

Samedi, alors que la grasse matinée avait pointé son nez avant de repartir aussi vite, j'étais prête. À nous la super journée, pas de pluie, génial, le bus était à l'heure, ça commençait bien. Normalement nous serions quatre, quatre filles, quatre copines... Caroline, Estelle, Maïssane et Marie.

Caroline ne supportait pas de rater la bonne affaire. Traque, chasse au trésor, et j'en passe. Chaque lundi, elle nous parlait de sa dernière trouvaille. Fière d'avoir déniché la veste que tout le monde voulait. Complètement addict à ce jeu, elle était un peu vantarde sur les bords, voulait systématiquement nous rappeler que c'était elle qui avait fait la meilleure affaire. Elle se sentait reconnue, valorisée par son achat de veste à moitié prix. «Tu as vu les économies que j'ai faites?» Je ne sais pas si elle faisait vraiment des économies avec ses achats toutes les semaines... Moi, je ne pouvais pas. Il fallait que ma cagnotte grossisse et, dès que j'atteignais la somme de 40 euros, je programmais une sortie shopping.

Estelle était une angoissée, comme moi, mais vraiment angoissée. Le moindre stress, et elle avait besoin d'aller faire du «magasinage», comme disent les Québécoises. Elle ne se sentait pas belle, manque de confiance en soi... Pour y remédier, elle adorait ces sorties et achetait un peu tout et n'importe quoi, pourvu qu'elle ait un nouveau look, maquillage, parfum... Elle nous disait: «Comme ça, demain, je me sentirai mieux, il y a un exam demain, non?»

Elle achetait vraiment n'importe quoi et combien de fois elle a changé de style! Presque un nouveau déguisement par semaine. Mais curieusement, ça fonctionnait. Un nouveau parfum et *hop*, l'interrogation orale d'allemand dans la poche. C'était presque quelqu'un d'autre. Le problème, c'est qu'elle était également un peu maniaque, voire toquée, et elle ne remettait jamais les mêmes vêtements. À la fin de l'année, petite vente entre copines, échanges et, grâce à ses nouveaux trucs, elle était heureuse pour son départ en vacances, qui l'angoissait.

Maïssane était... comment dit-on déjà? une acheteuse compulsive. Elle en avait les moyens, et alors... Ses parents et surtout ses grands-parents l'adoraient, c'était leur manière de lui faire plaisir et ils n'étaient pas laxistes pour autant. Nous étions un peu jalouses de ces facilités qu'elle avait, mais bon, elle nous en faisait souvent profiter.

«Il n'y a pas de mal à se faire du bien.» Dans sa bouche, c'était un régal. On sentait une véritable excitation quand elle sortait cette phrase en rigolant. Ce qu'elle achetait, elle s'en fichait, pour elle c'était acheter l'important.

Chaussures, livres, DVD... Je ne vous dis pas, en fin de journée son sac était la caverne d'Ali Baba. Plus elle achetait, plus son moral remontait et, vous avez deviné, plus son porte-monnaie rétrécissait. Elle nous faisait rire avec ses grands gestes un peu hystériques lorsqu'elle sortait du magasin, le ticket de caisse en main. Parfois, on ne savait même pas ce qu'elle avait acheté. Des cadeaux... Pour qui ? Elle ne le savait pas sur le moment et c'est l'objet acheté qui choisissait son propriétaire.

Moi, j'étais un peu un mélange des trois... Vous imaginez ?

Sonnerie de message, SMS : *Caro en retard, train raté, RDV 10h30.*

Journée pourrie ? Croisons les doigts... De toute façon, j'aurais le temps de m'acheter mon pull. Celui que j'avais vu sur l'autre fille, pas tout à fait le même, couleur différente.

À la gare, lieu de notre rendez-vous, il y avait une petite échoppe où l'on préparait des viennoiseries et du pain. Un comptoir en verre sans cachet, simple, dépourvu de charme. La magie de cet endroit était l'odeur divine qui s'en échappait le matin. Une odeur enivrante de cacao chaud, de pain en fin de cuisson, effluves d'un croissant, d'une chocolatine qui nous mettaient l'eau à la bouche, plaisir gratuit que de humer ces parfums pleins de gourmandise, souvenirs de notre petite enfance.

Une fois notre petite bande réunie, l'une bousculait l'autre pour offrir la première fournée du matin.

L'excitation n'avait pas faibli depuis la veille. Une bouchée, un rire, une bouchée et deux tapes dans le dos parce que l'une s'étouffait. On se lançait un coup d'œil pour voir le look du jour, quel vernis, un sac que l'on n'avait jamais vu, tiens, des lunettes de soleil... au mois de mars, un nouveau gilet : « C'est super ça, tu l'as acheté où ? »

Réponse évasive, du genre : « Oh, une friperie, c'était le dernier... »

Nous devenions les reines du monde, nous nous sentions belles, et la journée n'avait pas de limites. Nos discussions à bâtons rompus ne semblaient avoir jamais débuté. Des mots discontinus, des interjections sur le copain de la copine, sur le mode d'emploi du dernier smartphone, et puis celle-là, quelle garce ! Et tu as vu hier soir les informations ? Curieusement, notre groupe, guidé par je ne sais quel GPS invisible, arrivait toujours à bon port.

Une fois dans le métro, debout, le groupe se fixait autour des barres métalliques comme du lierre grimpant. Ballottées par les secousses du véhicule, nos petites carcasses resserraient instinctivement les rangs. Aucune notion du monde autour de nous. C'était notre sortie du samedi.

Même si nous avions chacune une idée bien précise de ce que nous désirions faire, c'était le groupe qui s'imposait. Après le chocolat chaud à la gare et les trois stations de métro, direction place Bellecour.

J'aime cette grande place, on l'appelle également place Louis-le-Grand, en son centre une statue équestre de Louis XIV et à l'ouest une statue d'Antoine de Saint-Exupéry assis devant son « Petit Prince ». Le sol ressemble à la terre du Brésil, gravillon rouge carmin, mon père l'a dit un jour en rentrant d'un de ses footings matinaux. Il voyage un peu... Quoi qu'il en soit, nous déboulions rue de la République, une rue piétonne, large et truffée de boutiques, restos rapides, avec carrousel et chevaux de bois.

Trois petits tours et puis s'en vont, direction rue Herriot et ses enseignes de luxe, juste pour nous faire mal. Mes 45 euros devaient se sentir un peu seuls dans mon sac.

Les vitrines étaient bien agencées, nos rires un peu plus feutrés, le groupe plus discret. Nous voulions voir, c'est tout. Un jour, on pourrait se payer ces manteaux, ces robes et ces chaussures... «Tu trouves pas que ça fait trop vieille?»

La jeunesse n'est pas tendre, je vous assure. Et moi, j'aurais accepté d'être un peu plus âgée certaines fois, il y avait des choses magnifiques.

C'était l'heure de notre deuxième collation de la matinée. Une fille, ça mange. Bien au chaud autour d'une table ronde, le timing des deux heures suivantes était établi. Boisson gazeuse pour les unes, café pour les autres, et toujours des mots par milliers. La table des pipelettes, des commères et des «*fashion girls*» en train d'exterminer la moitié de la planète à coups de «T'as vu...».

Doucement, notre discussion déviait vers l'essentiel, le point crucial de notre journée: le shopping. Attention, n'allez pas croire que nous étions uniquement centrées sur nous-mêmes, en «marchant-parlant» nous avions fait nos repérages avec des yeux de lynx... avec une acuité de professionnelles afin de trouver la perle rare au meilleur prix. «Le petit veston ton sur ton, trois boutons pour garçon, mais qu'une fille peut porter...»

Pour les trois boutons, appliquez la règle *british* : «*Sometimes the Top, always the Middle, never the Bottom*», et vous aurez le secret pour le porter chic, négligé, branché.

Nos casse-croûte engloutis, direction les boutiques. Stratégie de combat, rester concentrées sur l'achat, ne pas être attirées par autre chose, sinon bonjour le porte-monnaie, fini le petit billet en réserve, au cas où... Ne pas craquer, foncer, mettre des œillères, faire les essayages mais bon, je connais ma taille et puis cap sur une autre boutique.

Voilà ma manière de faire du shopping : rapidité, action. Parmi mes copines, une seule était dans le même état d'esprit, Estelle. Faire des emplettes d'accord, mais fissa, «on ne va pas y passer toute la journée». Pour les deux autres, c'était tout le contraire, flâner, fouiller, essayer, sortir du magasin en hésitant, revenir un peu plus tard, ne pas pouvoir choisir entre deux pulls...

«Mais prends les deux, bon sang, Maïssane, avais-je envie de lui dire. Ça fait deux heures que t'essaies et tu sais toujours pas!» Je me taisais, c'était notre sortie. Il y avait donc à chaque fois deux groupes, celles qui savaient ce qu'elles voulaient, et celles en vacances. L'après-midi passait.

Je ne vais pas vous décrire la suite de cette journée. Votre imagination fera le reste. Non, s'il vous plaît, ne soyez pas déçues, vous connaissez aussi bien que moi ces séances : inspection des portants, essayage rapide, paiement en cash en déglutissant un peu difficilement...

Il fallait rentrer à l'heure imposée par les parents, parce que ce soir-là, si nous étions veinardes, nous aurions l'autorisation d'aller à notre première grosse soirée, oui, vous avez bien lu : la *soirée*.

Un peu de patience... Le prochain chapitre arrive. Mais avant de tourner la page, laissez-moi vous dire deux ou trois petites choses.

On nous critique souvent, nous les filles, pour nos envies de shopping inconsidérées.

Mais lorsque je parle de shopping, je parle aussi de sorties entre nous, car le shopping c'est souvent un prétexte pour se retrouver. Un prétexte pour se remonter le moral en période de déprime. Une façon de se sentir mieux dans sa peau en changeant de peau justement, petite couleuvre qui mue et nous voilà une autre dans d'autres vêtements. Un moyen de plaire à celui que l'on aime en secret, d'être toujours au top... pour se sentir belle près de lui.

On raconte l'histoire de la bonne affaire dans l'espoir de récolter des « Wouah » d'admiration, des « T'as de la chance », de se faire un peu plus apprécier au collège.

Mais tout ça ne doit pas vous faire oublier qui vous êtes. Un maquillage vous changera pour la journée mais pas pour la vie, une tenue non plus. Acheter pour se faire plaisir bien sûr, mais avec ses moyens. Je vous assure que, en définitive, c'étaient mes copines que j'aimais. Leur présence, leurs rires, leurs bêtises...

Une journée de shopping peut être le début de belles amitiés. Bises à vous, les filles.

Curieusement, une envie me rattrape. Il n'est pas trop tard en tapant ce dernier mot sur l'écran. J'ai commencé tôt ce matin à vous écrire. Il est 15 heures. Écrire sur ce sujet m'a donné envie d'aller flâner un peu. On ne sait jamais, avec de la chance, je trouverai mon bonheur... Une gaufre au chocolat: je suis plus gourmande que «shoppeuse». On ne se refait pas...

XIII

SATURDAY NIGHT FEVER

(film de John Badham, 1978)
Mon père avait onze ans
et ma mère neuf ans, je rigole...

Cinq jours sans avoir rien tapé sur mon clavier. Un vide total, non pas que je n'aie pas eu envie de vous écrire quelque chose, non ce n'est pas ça, juste pas d'énergie. Les idées ne se bousculaient pas dans ma tête, tout était bien clair pour la suite de mes chapitres, mais j'éprouvais un manque incroyable d'enthousiasme. Je n'ai pas d'explication.

Plusieurs fois, je me suis mise devant mon bureau, avec le même cérémonial, et puis plus d'ambition. Une envie de farniente, non pas de ne rien faire, de flâner et de mettre tout le monde au repos pour deux semaines, Jelly, l'ordi et Bibi... Ensemble, pourquoi pas.

Impossible. Une envie irrésistible me démangea dès le sixième jour, allez savoir pourquoi. Sans plus attendre me voilà assise, face à vous, AZERTYUIOP sous mes yeux, des lettres qui se suivent sans raison et moi qui leur tape dessus. Treizième chapitre...

Le film que j'ai choisi date un peu, j'aurais pu prendre *La Boum*, c'est vrai, mais j'adore le titre de celui-ci : *La Fièvre du samedi soir*. Vous imaginez... l'attente. Toute la semaine à ne penser qu'à la fameuse soirée, celle qu'il ne faut surtout pas rater. Celle à laquelle vous devez être invité, devrais-je dire. Samedi, jour culte ; samedi soir, nuit de fête...

Je vais sans aucun doute vous décevoir, chers lecteurs et lectrices, mais il faut que vous sachiez que les meilleures soirées, les plus folles, les plus dingues, celles où tout le monde s'est éclaté jusqu'au bout de la nuit, les soirées délires, enfin bref LA soirée, eh bien c'est celle que vous avez ratée, celle à laquelle vous n'avez pas été invitées.

Je ne vous mens pas, vous qui êtes sollicitées toute l'année, vous avez sans doute participé à quinze soirées, eh bien la seizième, celle que vous avez loupée pour cause de week-end en famille, c'était la meilleure. C'est la loi des soirées...

Le lundi au lycée, j'entendais forcément : « Marie, tu as raté quelque chose, c'était génial, on s'est éclatées. » On me parlait des fameuses gaffes des garçons – tous des inconnus ces garçons, d'ailleurs, durant cette soirée. Mais oui, la soirée de Truc, enfin comment il s'appelle ? Il faut dire que l'on se souvient rarement de la personne qui organise, sauf si c'est quelqu'un de populaire. Bon, celle qui avait été absente sur ce coup-là, je vous assure que, dès la récré, elle était frustrée de ne pas avoir participé à « *The big* soirée ». Un petit tour sur Facebook et tiens regarde, ton voisin d'allemand complètement raide sur le canapé.

Une fois cette mise au point effectuée, parlons de ce que l'on appelait au collège « fêtes d'anniversaire ». On avait le droit d'y inviter autant de personnes que nos parents pouvaient en supporter. C'est-à-dire le nombre maximum d'invités autorisé en fonction des notes du trimestre, multiplié par un coefficient secret, connu de nos seuls parents, divisé par le nombre de mètres carrés de l'appartement, et arrondi à la décimale inférieure du prix du kilo de chips saveur barbecue.

Même avec des négociations un mois à l'avance, il était parfois difficile d'ajouter ne serait-ce qu'une seule personne à la liste déjà longue. Tout dépendait du prix du kilo de chips... Je plaisante.

Au lycée, alors là, les choses changent radicalement. Les « fêtes d'anniversaire » se transforment en « soirées d'anniversaire » et, croyez-le ou non, ce n'est plus du tout la même chose. C'est surtout le mot « soirée » qui évoque dans la tête de nos parents d'autres mots plus... comment dirais-je ? plus rock'n'roll... Alcool, cigarettes et j'en passe ! Vraiment, je ne vois pas de quoi ils veulent parler.

Dans ma classe, tout le monde faisait des soirées et j'avais souvent l'impression d'être la seule à qui mes

parents disaient non. Vous aussi, vous avez ce sentiment?... Je me sens moins seule, merci...

Durant mes années de lycée, j'ai été invitée à deux
soirées SEULEMENT !!!

Si je reste dans la logique des soirées, j'ai dû rater les
meilleures. Mais bon, j'en ai fait quand même deux, ce
qui n'est pas si mal. Allez, je vais vous raconter tout ça.

Premièrement, chose indispensable, se faire inviter.
Plusieurs solutions s'offrent à vous.

Être un ou une ami(e) proche de la personne qui
organise la fête. Cela implique d'avoir beaucoup de
copines susceptibles de faire des soirées, ou de copains,
ou de connaissances...

Être DJ. Enfin, c'est un bien grand mot... En l'occur-
rence être l'un des rares de la classe qui sache mettre de la
bonne musique au bon moment.

Avoir son ou sa boyfriend/girlfriend invité(e), et
donc facilité extrême pour s'incruster. Obtenir un sauf-
conduit, c'est-à-dire argumenter, discuter, accepter des
compromis, faire des promesses tous les jours pendant
une semaine à votre voisine de table qui, elle-même, en
cours de français, est voisine de la meilleure amie de la
fille qui organise la soirée.

En dernier recours, la technique du loup dans la
bergerie ou celle du cheval de Troie. Le SMS, le soir
même, d'un copain qui est dans la place et qui décide
de vous inviter... Un peu cavalier comme technique,
mais très efficace.

Deuxièmement, convaincre ses parents, et c'est sans aucun doute la partie la plus difficile.

Pour ma première soirée, je devais avoir seize ans.

J'attendis le moment le plus opportun pour faire ma demande. Interrogatoire sur-le-champ. Je n'étais pas une criminelle mais, d'un autre côté, je comprenais fort bien leur inquiétude. Ce qui est plutôt normal quand on y réfléchit, avec tout ce qu'on entend sur les soirées des ados... Heureusement pour moi, le film *Projet X* n'était pas encore sorti sur les écrans. Si mes parents l'avaient vu, je crois que plus jamais de ma vie je ne serais sortie. Il y a de quoi devenir parano quand on est père ou mère. Allez voir ce film, mais s'il vous plaît, ne faites pas la même chose...

J'ai tenté de les rassurer avec l'adresse exacte, le numéro de téléphone des parents, les horaires du début et de la fin, le trajet en bus ou bien accompagnée par un des parents d'une copine qui me déposait devant le portail. Oui j'étais devenue responsable, non je ne ferais pas n'importe quoi. Je vous avoue qu'identifier la variable d'une fonction et son domaine de définition, voire déterminer l'image d'un nombre étaient plus faciles que d'obtenir un «Oui, tu peux y aller». Et j'étais nulle en maths.

Le plus fun dans les soirées, c'était le camping. Il fallait dormir sur place, c'était le deal pour en profiter au maximum. Seulement voilà, qui dit soirée dit garçons, et qui dit garçons dit attention. Vous commencez à voir où je veux en venir? Vous avez compris!

Dans ce domaine, je n'avais jamais eu de problèmes. Alors sous les ovations de la foule, j'ai eu le droit d'aller à ma première soirée officielle.

Mais définissons ce qu'est réellement une soirée.

À mon époque – je ne suis pas si vieille mais j'ai le sentiment que le terme a déjà bien évolué en quatre ans –, c'était généralement une fête organisée à partir de 20 heures chez quelqu'un.

Nous savions pertinemment qu'il y aurait à boire, mais cela ne m'empêchait pas de répondre non à la question fatidique de ma maman : « Il y aura de l'alcool ? » Je n'ai jamais fumé quotidiennement, de temps en temps comme la plupart d'entre nous, pourtant je trouvais cool d'aller en soirée où tous les participants fumeraient comme des pompiers. Bien sûr, même réponse à la question de ma maman : « Il y a des gens qui fument là-bas ? » Je secouais la tête énergiquement : « Tu sais très bien que je n'aime pas ça. »

Les soirées nécessitent quelques mensonges, nulle n'est parfaite.

Enfin voilà, quoi, une soirée, c'était juste ça. Vous n'y êtes encore jamais allées ?

Invitation et autorisation de sortie du territoire en poche, il ne restait plus qu'à...

... qu'à se faire belle.

Je vous invite à relire les différents chapitres concernant la coiffure, le camouflage des imperfections acnéiques et autres sujets purement féminins. En gros, après cinq heures dans la salle de bain à me préparer et deux heures devant mes tiroirs à chercher quoi me mettre, me voilà dans le bus avec mon sac pour la nuit. Je suis super excitée, j'imagine déjà des milliers de moments inoubliables. Des grosses crises de rire. Qui va venir ?

On se sent maîtresse du monde, que dis-je de l'univers. J'ai des frissons rien qu'en m'imaginant en train de boire mon premier verre d'alcool... J'espère qu'il y en aura.

Une once de culpabilité lorsque la porte du bus se ferme, une prémonition étrange qui me fait me dire : «J'espère que rien de grave ne se passera.» Mes parents, je vous adore... Et ce soir, je crois grandir. Merci de m'avoir laissé cette liberté.

Une multitude, une foultitude d'émotions, *je vais à ma première soirée*. Le trajet est trop long. Est-ce que j'ai pris le bon bus au moins ? Un SMS de vérification et je crois être en retard. On me dit que ça a déjà commencé. Non, ce n'est pas possible...

Je m'emballe un peu sur ces dernières phrases. Car, oui, j'étais très heureuse à l'idée de ma première soirée, et me voilà arrivée. Vous êtes enfin là, au bout du chemin, votre corps tout entier dans cette salle où tout le monde... Et là, il peut y avoir deux cas de figure : soit l'ambiance bat son plein, merci le DJ... Soit, au contraire, personne ne parle et vous vous demandez pourquoi vous avez passé autant de temps à trouver un maquillage de soirée sur Youtube. Vous avez l'impression que vous êtes la seule à être heureuse. Vous voulez sauter de joie, mais de la retenue serait plus à propos. C'est qui, le DJ, parce que la musique... comment dire? Mais bon, vous y êtes, c'est le principal. On verra par la suite, il faut le temps que ça prenne, c'est comme la mayonnaise.

Ah oui, j'avais oublié de vous dire, le DJ prévu, c'était... moi. À ma première soirée, c'était moi la DJ, vous vous rendez compte! Ben oui, je chantais, je jouais un peu de guitare et, à l'occasion des spectacles, on faisait appel à moi pour le choix des musiques de fond. On appréciait mon côté alternatif.

Il existe toujours des lieux stratégiques dans les soirées. Commençons par le canapé, la zone des couples officiels, officieux et à venir. Peu de place là-dessus, justement parce que tout le monde cherchait à s'y installer pour draguer ma voisine d'anglais. Elle était canon, et moi j'étais en train de... chercher un bon morceau à passer. On oublie le canapé, je ne pouvais pas être partout à la fois.

En revanche, les chaises étaient souvent disponibles, en début et... en milieu de soirée. Au début, elles sont occupées par le type invité par obligation – le voisin de classe qui file les réponses aux DS et comme, en plus, on lui parle tout le temps, on a du mal à ne pas l'inviter –, également occupées par celui qui organise la soirée et qui se demande s'il va y avoir de l'ambiance ou pas. On le reconnaît à son visage un peu tendu. Oui, c'est lui, celui qui a tout organisé. Son challenge? Que tout se passe bien, que tout le monde s'éclate. Car le verdict positif du lundi au lycée est capital, sinon plus personne ne l'invitera nulle part ou ne viendra à ses prochaines fêtes. La vie est parfois injuste envers ceux qui se donnent du mal pour que les autres passent un bon moment.

Ah oui, soit il était tendu, soit il était très détendu, déjà bien éméché d'avoir goûté les différents alcools importés.

Changeons de lieu, passons à la table basse puisque nous parlons d'alcool.

La table basse, lieu du crime, bouteilles pleines, cadavres, canettes broyées, verres en plastique, cendriers «overbookés» et personne ne sait ce qui est à qui. Du coup, entre deux changements de CD, à chacune de mes approches vers la table pour boire un verre, je jetais un coup d'œil autour de moi pour que quelqu'un m'arrête en me disant: «Oh, c'est le mien.» Silence radio et mal de crâne assuré, rien de pire que les mélanges..

Briquets perdus, bouchon en liège d'une bouteille de vin achetée illicitement pour trois fois rien, bouts de tortillas, chips, noyaux d'olives noires, bac à glaçons, ou plutôt mer arctique en pleine fonte des neiges... Il y a là tous les restes de ce que l'on aime, il n'y manque qu'une photo... Voyage en territoire inconnu.

Passons dans la cuisine. Mais est-ce encore une cuisine digne de ce nom?

Cuisine envahie de cartons de pizzas jonchant le sol. Poubelles vomissant objets divers et variés, et là, au beau milieu de tout ça, début de discussions «philosophiques». À ce propos, je me souviens d'un film que mon père jugeait cultissime: *Les Tontons flingueurs*.

Il aimait particulièrement une scène dans la cuisine, avec des phrases d'un autre temps, pas le mien en tout cas...

En écrivant ces lignes aujourd'hui, je souris à la scène des «tontons» en train de tartiner des toasts et de discuter «business». Dialogues de Michel Audiard – que dire de plus? Respect total... Pour revenir à la soirée, oui, la cuisine, bien sûr, pouvait être un endroit accueillant, mais je suis trop gourmande.

Pour le reste des discussions, tout se passait sur le balcon – s'il y en avait un. Il faut dire que la majeure partie du temps, nous avions le minimum de courtoisie de ne pas fumer à l'intérieur de la maison. Parlons-en, des discussions, conversations, choisissez ce que vous voulez. Moi, ayant pu assister à quelques-unes de ces fameuses conversations, j'ai vite remarqué que l'alcool aidait beaucoup à se lâcher, sur tout, sur rien, et que la cigarette aidant aussi, on se perdait vite dans des débats à n'en plus finir sur le système éducatif. Pause. On ne va pas refaire le monde, enfin si... un peu. Nous sommes une génération insatisfaite, alors oui, pourquoi ne pas parler du système éducatif?

À cet instant précis, pas de chance, j'entends au loin la fin du morceau «Hammer of the Gods». Pour ne pas bouleverser encore plus la tendance musicale de la soirée, je me dirige vers la console, histoire de faire croire...

On m'arrête rapidement.

Mon style musical ne colle plus à l'ambiance «lounge» voulue. Bon, c'est sûr que Led Zeppelin, ça ne peut pas plaire à tout le monde... Me voilà donc évincée de l'ordinateur sans indemnités de licenciement.

Ils n'aiment pas ce groupe! Bande d'ignares, savez-vous au moins que leur quatrième album contenait des phrases du *Seigneur des Anneaux*, de J.R.R. Tolkien? Si vous ne connaissez pas le livre, vous avez vu le film au moins?

Tout à coup, quelqu'un crie, au désespoir: «Il n'y a plus d'alcool!»

Bon, ok, en soi c'est pas si grave, mais quand la soirée est tellement nulle que la seule distraction est la boisson, cela devient une affaire d'État pour ces zozios. En plus, j'avais dit à maman qu'il n'y aurait pas d'alcool.

Soudain, toutes les conversations stoppent net. Plus de drague sur la canapé, de débat sur les cours, ni de scrolling sur le téléphone. Le noyau d'olive noire sur la table basse commence à se sentir vraiment seul. La situation tourne au vinaigre. C'est l'avenir de la soirée qui est en jeu.

Après un moment de réflexion, tout le monde a compris que la soirée s'arrêtait là. Il était déjà 3 heures du matin et ceux qui n'avaient pas supporté l'alcool dormaient déjà sur le canapé – mon voisin d'allemand – ou dans les toilettes, en fonction de leur niveau d'écœurement.

Le moment était venu de négocier sa place dans un vrai lit, sachant qu'ils étaient tous convoités par les couples.

«Combien de chambres chez toi?» «Quatre? Excellent...»

Me voilà en train d'espérer dormir sous une couette douce et chaude. En fin de compte, c'est sur un canapé, avec mon manteau en guise de couverture, que je me retrouve après une nuit de boulot, CD après CD, critiques après critiques.

C'est génial, les soirées, non? Et encore, j'étais plutôt bien lotie quand on tient compte du fait que la plupart des garçons dormaient sur le tapis, voire sous les tables... Mais pas tous! Il y en avait toujours deux ou trois qui discutaient sur le balcon, attendant au fil de leur escapade pseudo-philosophique, de leur conversation sur le schéma 4-4-2 en foot, ou sur la meilleure technique du dernier «Call of Duty», que la fraîcheur du matin les réexpédie dans le salon, vers la table basse et son noyau d'olive.

Torticolis, sensation de n'avoir pas fermé l'œil, rêves en séquence, bouche pâteuse et casque à pointes au réveil. Ah oui, j'avais eu froid aux pieds puis aux épaules, puis aux pieds et encore aux épaules... Normal, mon manteau n'était pas assez grand. Pas de noir complet dans la pièce, or je ne peux dormir que dans le noir complet... Imaginer les autres dans leur lit douillet et... ouvrir les yeux, voir dans la lueur de l'aube le visage de ce beau garçon, celui du balcon, verre à la main, triomphant vainqueur de cette nuit bleutée, cheveux devant les yeux, rebelle, noir... Première soirée et j'étais tombée amoureuse au petit matin...

En rentrant chez moi, raccompagnée par le papa d'une copine, parce que le samedi les horaires des bus étaient catastrophiques, je réalisai que ces soirées n'étaient pas aussi bien que ce que l'on pouvait s'imaginer. Oui, j'étais tombée amoureuse mais, lui, il ne le savait pas. Je ne connaissais pas son prénom, et comment le revoir ?

À ce moment-là, je vous avoue que je n'avais qu'une envie, me recoucher dans la foulée. Dormir jusqu'au lendemain matin. Que l'on me laisse tranquille. Les soirées c'est cool, mais ça fatigue...

Mon papa me l'avait dit : les meilleures fêtes sont toujours celles auxquelles nous ne participons pas. Mais cette fois-ci, je ne regrettais pas d'y être allée, cela m'avait permis de me faire ma propre opinion sur tout ça, de tomber amoureuse... Et aujourd'hui avec beaucoup de recul, les meilleures soirées que je passe sont celles avec mes amis ou devant mon ordi.

Je ne vous l'ai pas dit mais les Bee Gees ont tourné en boucle durant l'écriture de ces quelques pages. Rebelle dans l'âme, je me suis repassé l'intégrale de quelques grands groupes mythiques des années 70, vestiges des goût musicaux de mon père. Avant je faisais mes devoirs avec Hendrix en stéréo, aujourd'hui j'écris avec Hendrix en 5. DTS surnom THX...

XIV

GÉNIAL, MES PARENTS DIVORCENT!

(film de Patrick Braoudé, 1990[1])

Toujours le même cérémonial, cependant au bout de quelques lignes écrites, j'ai baissé le volume. Les clics de mon clavier ont envahi l'espace. Les souvenirs ont envahi mon présent, le passé dans le présent, et moi ici, maintenant.

Mes parents se sont quittés. Juliette, ma sœur, avait un an et moi, trois. Il n'y a pas à dévoiler leur histoire. Ils avaient leurs raisons. J'étais petite, je ne me souviens pas de tout. Nous habitions en Corse, nous sommes parties avec ma mère à Lyon. Mon père s'est installé à Paris.

Les séparations sont souvent douloureuses mais, comme je vous l'ai dit, j'étais très jeune, je n'ai pas tout compris. Il y avait seulement mes parents loin l'un de l'autre.

---

1. J'étais pas née... mais le film est bien.

Pour voir mon papa, il fallait qu'il vienne de la capitale. Il restait deux jours et puis il repartait. Cela a duré trois ans.

Tout d'un coup à la maison, il n'y eut plus que des filles, trois filles. Et surtout, mes grands-parents qui habitaient Lyon depuis leur retraite. C'est pour cette raison que nous avons déménagé là-bas. Lorsque ma mère devait travailler de deux à six jours d'affilée, c'étaient mon papy et ma mamie qui nous gardaient.

Un jour, mon père a décidé de venir vivre près de nous... Normal pour un papa. Récapitulons, une chambre pour deux chez ma mère, idem chez mes grands-parents et lorsque mon père est arrivé dans le quartier, j'ai reçu une chambre en plus. Soit trois chambres pour une petite fille, trois lits, trois brosses à dents, trois brosses à cheveux, tout en triple.

C'est souvent le cas lors des divorces, on multiplie toutes les choses. La galette des rois multipliée par trois et *hop*, une indigestion. Les légumes que l'on n'aime pas, les navets, les panais, les cardons – enfin, moi, j'aime pas –, eh bien, dans la semaine, on pouvait manger trois fois la même chose. Pourtant, mes parents se parlaient toujours, mais pas pour les menus...

Bien sûr, la petite pièce de la souris pour mes dents, un véritable pactole. Par trois...

Des avantages, il y en a pendant les divorces, mais bon, c'est quand même un divorce et ce n'est pas toujours gai. Disputes, violence, pleurs, tristesse, chaque cas est unique. Moi, mes parents étaient assez grands pour ne pas faire partager leur histoire. Nous n'avons pas souffert de leurs désaccords. Ils ont fait le nécessaire pour que nous puissions grandir dans la joie, et même avec des fessées.

Pour les devoirs, c'était un peu en fonction de « avec qui j'étais ». Avec ma mère c'était cool, avec mes grands-parents un peu moins cool, avec mon père et ma belle-mère disons carrément pas cool.

Une seule règle chez mon père : le travail, bien se tenir, se laver les dents trois fois par jour, ranger sa chambre, ne pas mentir, débarrasser la table... Comme je vous le disais, une seule règle mais très longue, et j'oublie plein de trucs. Ma mère était beaucoup plus cool. Chez mes grands-parents, c'était un mix des deux.

Tout ça pour dire qu'en tant qu'enfant de divorcés, on s'adapte vraiment plus facilement aux mondes des adultes.

Il y avait des codes différents dans chaque maison. Disons que chez ma mère, il y avait des règles mais on ne les respectait pas trop ; et chez mon père, il y avait des règles un peu plus contraignantes, mais on les respectait à la lettre.

D'un côté, on faisait ce que l'on voulait, ma sœur et moi, de l'autre côté c'était plus cadré. Bon, ce n'était pas toujours rigolo d'aller chez papa, mais curieusement, les gosses ça aime la rigueur... On aime bien se faire un peu gronder car on a vraiment l'impression d'exister.

Ce qui est compliqué avec ces différents mondes, c'est qu'en général les adultes ne nous laissent pas beaucoup de temps pour nous adapter à leurs règles. Les deux premières semaines chez maman, il faut faire comme ça et puis on va chez papy-mamie, il faut faire comme ci, mais on a le temps de s'habituer... Et chez papounet, il faut faire comme il dit, mais tout de suite.

Pour ne pas nous perturber davantage, mon père et ma mère nous laissaient le temps de revenir aux règles de chacun. Eh oui, lorsque les parents ne sont pas là, les enfants se protègent en créant autour d'eux un monde spécial et secret.

On est un peu orphelin lorsque papa et maman sont loin. On a peur qu'ils ne reviennent pas. On se fabrique une énorme carapace pour que rien de méchant ne nous touche en attendant de retrouver les parents. Il faut être patient pour que cette carapace de tortue se brise quand on passe d'un monde à l'autre.

C'est ça qui a été dur pour moi.

Il y avait donc trois Marie, trois personnages en quelque sorte et beaucoup plus si on ajoute tous ceux que je m'inventais à l'école. Parce qu'à l'école, il fallait que j'explique que j'étais enfant de parents divorcés. Et pour pouvoir organiser un anniversaire, il fallait que je connaisse mon planning sur le bout des doigts.

«Oui, ce serait super de venir, peut-être que je vais pouvoir dormir chez toi?» Il fallait aussi que je demande à mes parents... Oui, mais lequel? Je suis chez qui dans quinze jours?

Je ne vous ai pas tout expliqué. Mes parents, qui s'entendaient bien, avaient décidé de ne pas imposer de dates fixes pour la garde partagée. Il n'y avait pas une semaine chez l'un puis une semaine chez l'autre. Non, comme ils font le même métier, selon leurs absences, on allait chez l'un ou chez l'autre, et s'ils étaient absents tous les deux au même moment, on allait... vous avez deviné chez qui ? Chez papy-mamie.

Ils auraient pu faire les choses simplement, eh bien non ! Trois maisons avec nos affaires partout. Il ne fallait pas oublier un cahier, sinon on devait retourner le chercher. « Zut, mon appareil dentaire », « Oh non, mon doudou », « Mon chouchou... »

Au début, mon père et ma mère n'habitaient pas aussi près qu'aujourd'hui. Il fallait prendre la voiture. Nous allions à l'école à côté de chez mes grands-parents, car ma mamie ne conduisait pas et ne conduit d'ailleurs toujours pas. Puisque c'étaient eux qui faisaient office de nounou quand mes parents partaient, c'était plus simple pour nous emmener à l'école. À peine avions-nous franchi le seuil de l'ascenseur, nous y étions. C'était génial, on pouvait se lever beaucoup plus tard le matin...

Par la suite, ma mère a déménagé pour aller vivre au-dessus de chez papy et mamie, eux au quatrième et nous au huitième. Double génial, deux fois plus de chances de se lever plus tard et, si on oubliait quelque chose, l'ascenseur en pyjama ou mamie qui montait les affaires...

Enfin, suivant la migration et pour faciliter les choses, mon père s'est installé à quatre cents mètres plus ou moins de chez nous.

Ce qui était embêtant, c'est que nous n'avions plus d'excuses pour les affaires oubliées. Vous avez compris, au début, les oublis c'était un peu volontaire... «Oh mince, maman, j'ai oublié le cahier d'exercices chez papa...» Il était 20 heures, quelquefois ça passait...

L'inverse non, mon père prenait la voiture et, dix minutes plus tard, je faisais mes exercices. Avec tout ça, on avait vite fait de ne plus savoir ce que l'on disait, ce que l'on faisait, ma sœur et moi étions un peu chamboulées et j'avoue ne pas avoir dit tout le temps la vérité. Ma sœur non plus... On avait des secrets. Papy nous achetait des bonbons trop souvent. C'est fait pour ça les papys. On ne disait rien... Ce n'étaient pas de vrais mensonges, plutôt des cachotteries, mais qui vole un œuf vole un bœuf et plus ça allait, plus on trichait.

On trafiquait l'heure de sortie des cours, les après-midi avec les copines sans le dire à l'un ou à l'autre de nos parents. Oui, on avait plein de gens et de codes différents pour notre éducation, alors on en a profité...

Garde partagée, habitation à côté, aujourd'hui j'ai deux parents séparés et heureux, vraiment... Mon papa s'est remarié, j'ai eu deux frères de plus. Ma belle-mère (elle ne supporte pas qu'on l'appelle comme ça) est comme une seconde maman. Et ma vraie maman garde les enfants de ma belle-maman et de mon papa lorsqu'ils sont au travail. Car en plus, ma maman et ma belle-maman s'entendent très bien. Mes deux frères l'appellent tata, ma maman. Mais ma sœur, elle, l'appelle maman. Normal, non ? C'est ça, les familles recomposées. Un vrai casse-tête, une gymnastique de l'esprit incroyable. On ne sait plus qui est vraiment qui.

Oui, ce dont je me souviens le plus, ce sont bien les allers-retours entre Lyon et Paris. Les vacances également, un mois chez ma grand-mère, en Corse, et un mois avec mon autre grand-mère, chez ma tante, ou bien chez mon arrière-grand-mère, dans le Doubs.

Un peu de plage, de la montagne, et des valises à faire et à défaire.

On s'habitue vite à vivre un peu partout. En général, lorsque nos parents divorcent c'est qu'ils ne sont pas d'accord sur certains points. Ou bien qu'ils ne s'entendent plus, ou bien que l'un ou l'autre a fait une bêtise.

Pour mes parents, ce fut très clair : mon père n'aimait plus ma mère et décida malgré nos jeunes âges de partir. Il s'occupa de tout et nous n'avons manqué de rien... ou presque. Un peu de sa présence. Les enfants ont toujours un regard étrange lorsque le mot « divorce » est prononcé.

Il y a trente ans, annoncer une séparation, c'était l'apocalypse. Aujourd'hui, quoi de plus banal ? Un couple sur deux, 50 % quoi... Cela veut dire que la moitié des enfants en France sont susceptibles d'avoir, comme moi, deux maisons minimum.

Mes parents font le même métier, ils sont navigants. Pour eux pas de week-end, un vol et du repos ensuite. Les horaires de travail, il n'y en a pas plus. La nuit, le soir de Noël, les jours fériés, tout est décalé dans leur métier. Ils pouvaient partir plus de quatorze jours d'affilée. Quand ils rentraient, j'avais grandi de deux centimètres.

Le jour de Noël, une chance sur trois d'être là, alors nous fêtions ça un 27 ou un 23 décembre. Le Père Noël était en retard, trop de maisons à visiter. C'était l'excuse.

En revanche, lorsqu'ils étaient à la maison, plus question d'horaires, le mercredi tout entier rien que pour nous.

Du fait de leur divorce et de leur métier, ma sœur et moi avons poussé un peu en solo. Pas comme du chiendent tout de même, avec moins de présence parentale certes, mais avec toujours autant d'amour.

Aujourd'hui, avec la technologie, un coup de Skype du bout du monde et mes parents seraient dans le salon tous les soirs avec une tablette. Il y a quinze ans, cela n'existait pas.

Le téléphone portable était à peine né et pas développé. Ce sont mes petits frères qui vivent cela au quotidien. Ma belle-mère fait le même métier, alors *bis repetita*, mes frères se retrouvent dans la même situation que ma sœur et moi quand nous étions petites, à ceci près qu'il n'y a pas de divorce.

Oui, je crois que c'est surtout l'«absence de présence» qui a bousculé nos repères.

Lorsque nous montions à Paname voir mon père, c'était pour deux jours max... Deux jours tous les quinze jours, parfois moins. Pas beaucoup de papa. Pourtant, notre éducation n'en a pas souffert. Cours accélérés d'éducation infantile par monsieur papa. Bien carré...

Une dernière chose que je voudrais vous raconter. Mon père avait instauré le repas des gros mots. Êtes-vous bien assises, les filles ?

Une fois par mois, nous allions au restaurant avec nos plus beaux habits. Restaurant chic. Après la commande, commençait alors un flot de questions sur tous les gros mots que nous connaissions et que nous avions appris depuis la dernière fois. Mon père, accompagné de mon oncle ou de ma belle-mère, nous écoutait attentivement.

Les enfants ne sont pas réputés pour parler doucement. Il y avait autour de nous des regards, des visages dubitatifs, beaucoup de sourires et de rires amusés en entendant deux fillettes coquettes qui « balançaient » des mots orduriers sans toujours en comprendre la signification.

C'était ensuite au tour de mon père de nous expliquer certains mots. D'où ils venaient, leur signification. Tout ça très sérieusement... Au fond de lui, je sais maintenant qu'il se marrait bien, le papounet.

Un nouveau mot au catalogue, un nouveau gros mot... Mais évidemment, interdit de le dire en dehors de ce repas. On avait tous les droits ici et maintenant.

Aucune peur de choquer. La liberté d'assumer ces mots devant l'autorité paternelle.

Je ne connais pas beaucoup de filles de sept et dix ans pouvant dire sans retenue les mots les plus orduriers de la planète devant leur père.

Sans cet artifice, la gifle était assurée, même deux, je pense... Du coup, pas besoin de se défouler à l'école en déblatérant tout le répertoire. On l'avait déjà dit.

Je suis assez gourmande des injures à moi-même J'en invente de très belles d'ailleurs lorsque mon personnage se fait « éclater » lors d'un combat en jeu vidéo. Mon père m'entend quelquefois, mais je n'ai plus le même âge.

Comme vous l'avez compris, je suis restée plus de temps avec ma mère étant petite. Trois filles, histoires de filles... Notre maman a toujours voulu nous faire plaisir. Peut-être se sentait-elle coupable de ce divorce ? Plutôt responsable de cette situation ?

La famille venait d'en prendre un coup. Un rêve qui s'écroulait, elle se retrouvait seule avec deux marmots. Toujours est-il que son rôle de maman s'est peu à peu mué en rôle de grande sœur et, chemin faisant, en rôle de super copine.

Ma maman, une copine ? Sur le moment je vous assure que c'était génial. Pas de barrières, peu de limites, on s'amusait... Les poupées Barbie, les déguisements, les sorties au parc des Oiseaux, au zoo.

Oui, mais voilà, les poupées grandissent, l'adolescence pointe son nez et la grande sœur commence à ne plus avoir d'autorité, la super copine non plus. Notre maman ne redevenait pas notre maman. Nous étions devenues des grandes sœurs, puis des copines qui ne resteraient pas proches indéfiniment. Maman était trop proche, sans distinguo entre la rigueur et la miséricorde. Pour les devoirs elle était notre copine, et pour les soldes notre maman... De notre côté, nous profitions de la situation. Je me souviens que notre mère, ne sachant plus quoi faire, appelait mon père et c'était le sermon au téléphone.

Pas mal de pleurs en entendant la grosse voix de mon père. Je partais dans ma chambre, fâchée, un repas de filles en silence, seulement l'écho des mots de mon père dans la bouche de ma mère...

Je croyais qu'ils étaient divorcés, qu'ils ne se parlaient plus ! Ben voyons... Nous étions leur sujet de conversation. Pour le reste, j'en sais rien.

À part ces sermons que nous finissions par connaître par cœur, j'adorais mes parents. Par périodes. Il faut que jeunesse se fasse.

Si je devais faire un vœu, je pourrais dire « J'aurais aimé que mes parents ne divorcent pas », mais ce serait vous mentir. Nous sommes façonnées par ces expériences. Mes parents étaient plus heureux célibataires. Deux parents heureux, c'est quand même mieux que deux qui font la gueule, non ?

Ils me disent avoir raté leur union mais pas leur divorce. La vie et l'amour des enfants est essentiel.

Rappelez aux parents de ne pas être égoïstes. Grandes sont les blessures d'un divorce. Les adultes deviennent alors des enfants qui se chamaillent avec haine, et les enfants des adultes involontaires, sans grande confiance. N'inversons pas les rôles. Merci aux miens d'avoir su protéger nos vies de gamines. On les aime, ma sœur et moi... Par périodes, bien sûr. Je les embrasse, mes papy et mamies et aussi ma belle-mère.

Elle ne supporte pas ce diminutif, comme je vous le disais, mais entre nous, je l'ai toujours appelée par son prénom, Marine. Elle aussi était irréprochable dans notre éducation. Toujours présente, pour les devoirs, repas, disputes lorsque nous étions méchantes, mais aussi pour les trucs de fille...

Je l'adore et la connais depuis l'âge de trois ans. C'est une seconde maman. Cela existe et j'ai de la chance. Depuis, je garde toujours près de moi un jeu des sept familles. « Dans la famille Enjoy, je voudrais le petit frère... Bonne pioche. » Reconstituer une famille autour du bonheur... Voilà le vrai jeu des sept famillessssss.

Je stoppe la frappe sur mon clavier. La lettre « s » s'est multipliée, j'aurais pu rester le doigt appuyé indéfiniment sur cette touche. Ma page serait remplie et le livre terminé. Un peu facile, vous ne trouvez pas ?

Non, plein de souvenirs en vérité. Ils ne sont pas vieux, ces moments. Un brouillard s'installe dans la pièce, mes yeux embués, c'est sûr. « Jelly, viens me donner un bisou. »

Ma bestiole lève ses oreilles, penche la tête sur la gauche et me regarde avec son sourire à l'envers. Elle scrute le moindre de mes gestes et bondit sur moi lorsque mes paumes tapotent mes cuisses. «Viens ici, je suis triste.»

Sa queue en tire-bouchon frétille. Que c'est bon, les câlins. Cette période de ma vie n'est pas triste pourtant, mais l'avoir posée sur cet écran, l'avoir ressortie m'a émue. Le brouillard s'estompe. Pas de thé, un bon soda maintenant.

Je joue avec ma chienne, on verra le reste plus tard.

XV

LES TROIS FRÈRES

*(film de Didier Bourdon, 1995,
année de ma naissance...)*

Incursion dans mon passé, il n'y a que les mots pour l'exprimer. Mes vidéos sont autre chose, différentes... Depuis quelques mois, je jongle entre mes écris et mes tournages, la tête un peu ailleurs quelquefois. Mon disque dur sur l'ordi est plein, mon disque dur personnel un peu moins. J'en profite pour vous écrire ce chapitre.

À dire vrai, le titre du film n'est pas complètement exact. J'aurais dû trouver une sœur et deux frères. Oui, nous sommes quatre à la maison. Ma sœur et moi avons deux ans d'écart et j'ai, avec mes deux frères, un peu plus de dix ans d'écart pour l'un, treize pour l'autre. De nos jours, c'est presque une génération.

Quand je dis «nous sommes quatre à la maison», vous avez bien compris que, en tant que représentants des familles recomposées, nous avons deux maisons séparées de quelques centaines de mètres, celle de ma maman et celle de mon papa. On se partage, ma sœur et moi, les semaines et les mois entre ces deux lieux. Une chambre pour deux au début, et puis une chambre chacune ensuite. Je ne vais pas vous embrouiller plus que ça. Lorsque je suis sortie du lycée, nous nous retrouvions souvent, les quatre kids, chez mon père.

Bonjour les discussions à table, enfin discussions... Brouhaha, rires, et règlement intérieur de mon père: chacun à son tour racontait sa journée. Pour mes deux petits frères, ce n'était pas évident de tout comprendre au début. Maintenant qu'ils ont sept et dix ans, c'est plus amusant d'entendre leurs histoires avec leur copains, les filles, les maîtresses, la cantine. Cela me met une petite claque car je vais sur mes vingt ans.

Oui vraiment, il s'agit bien d'une génération complète d'écart.

Je voudrais vous parler un peu plus de ma sœur. De notre enfance ballottée à droite et à gauche par un divorce qui s'est pourtant déroulé dans les meilleures conditions. Avec des parents attentifs à ne pas traumatiser leurs enfants. Les gardes étaient libres, quand ils voulaient, à notre demande également.

C'est pour cette raison que j'ai l'impression d'avoir vécu dans mille endroits et d'avoir joué à des milliers de jeux avec ma sœur. Les jeux de chez maman et les jeux de chez papa. Les sorties de chez papa, le shopping de chez maman...

Ma sœur est née à Ajaccio, moi à Paris. Quelques milliers de kilomètres, une mer à traverser. Le jour de sa naissance, mon père rentrait de vol, de São Paulo, au Brésil, plus précisément. Naissance programmée le jour de son arrivée donc à 11 h 30 à la clinique. L'avion s'était posé à 5 h 30 du matin à Roissy, il fallait qu'il prenne le bus pour rejoindre Orly et embarquer sur le 8 heures Paris-Ajaccio. Voulant absolument assister à sa naissance – il avait assisté à la mienne –, il s'empressa du mieux qu'il put afin de ne rien rater.

Le bus entre Roissy et Orly prendrait trop de temps, il décida de sauter dans un taxi. La discussion entre le chauffeur et mon père porta forcément sur la joie d'être papa et l'angoisse de rater cet avion pour Ajaccio et donc la naissance de ma sœur.

Les deux hommes sympathisèrent, le chauffeur se prit au jeu étant père également, j'imagine. Un coup d'accélérateur, droite, gauche, conduite somme toute bien parisienne, mon père fut déposé en temps et en heure à l'aéroport. Au moment de payer, le chauffeur de taxi refusa d'encaisser mon père. Il lui rendit les billets. «J'ai réussi à vous faire prendre cet avion... Allez-y, ne le ratez pas et embrassez votre femme et votre bébé. Comment elle s'appelle?»

Mon père, la gorge serrée, prononça «Juliette». Au bord des larmes, il quitta le chauffeur en lui serrant chaleureusement la main.

Pas de retard, l'avion arriva à Ajaccio, et c'est l'ami de ma grand-mère, Denis, qui récupéra mon papa, toujours en uniforme, pour l'emmener à la clinique. Le temps de sortir de la voiture, de trouver la salle, *plouf*, Juliette était là. Il m'a raconté cette histoire peu de fois mais je m'en souviendrai toute ma vie. Étant trop petite, je n'avais pas eu le droit d'entrer dans la salle stérilisée à la clinique. J'attendais avec ma Mina dans une autre pièce.

Petite parenthèse, Mina est le surnom de ma grand-mère corse, la mère de mon père. C'est un diminutif de *minnanna*, qui veut dire «grand-mère» en corse, tout simplement. Fermez la parenthèse.

On me présenta ma sœur à travers un sas. Quelques complications ne me permettaient pas de la prendre dans les bras tout de suite, j'avais deux ans. C'est ma Mina qui me tenait, elle, dans les bras, afin que je puisse voir ma sœur de loin. Mon premier commentaire fut: «Oh, comme elle est petite!» Mon père portait le bout de chou.

On m'avait parlé d'une sœur et, le soir à la maison, il n'y avait personne. Ma mère était à la clinique. Restaient mon père, ma Mina et son ami, Denis. Pas de Juliette dans son petit lit. Nous avons dû attendre une semaine pour que la famille soit réunie.

Le jour de son arrivée, j'ai pris ma sœur dans mes bras. Elle était vraiment toute petite, parce que prématurée... Aujourd'hui, elle me dépasse, je suis un peu jalouse. À deux ans, on ne se souvient pas de tout, les images sont là et les adultes vous racontent l'histoire, ainsi se forment certains souvenirs. Des mots, des odeurs, des instantanés photo, les paroles des anciens, un livre dédicacé, un journal de naissance, un livre de bébé, c'est bien là la trame de nos souvenirs.

Je me rappelle avoir collé le bracelet de maternité de ma sœur sur son livre de naissance justement. Il y avait aussi son petit bonnet.

C'est quoi un frère ou une sœur, si ce n'est un puits sans fond de souvenirs, de prises de tête, d'éclats de rire parsemés de larmes grotesques, de bagarres joviales, de joutes verbales, de jeux inventés, de créations de mondes épars et d'amas de peau et de chair ? Moi, ma sœur, c'est mon sang, je vous assure. Pas d'autre mot. Quand la tension monte et que nous ne nous entendons plus, je secoue la tête et ne veux pas combattre le fait qu'elle et moi grandissons. Je veux que ma sœur reste ma sœur.

Envie viscérale qu'elle soit comme je le veux... Eh bien non, on se trompe, enfin je me trompe, je me suis trompée durant de nombreuses années. J'étais l'aînée, celle qui essuie les plâtres. Les parents pardonnent plus aux cadets et aux cadettes.

Celle qui a pris le plus de fessées c'est moi, et de moins en moins pour ma sœur, mon frère et le dernier petit *brother*. Un vrai petit démon avec une gueule d'ange. «Trois fessées au max qu'il s'est prises, le brigand», et moi... l'apprentissage de mes parents.

Bon, je ne vais pas m'apitoyer sur mon sort, je suis la plus grande des enfants dans cette famille, donc j'ai toujours raison... Cela fait du bien d'écrire sur soi des choses parfaites.

Trêve de plaisanteries, le premier souvenir de jeux avec ma sœur qui me revient à l'esprit remonte à mes sept ou huit ans. Nous jouions à la marchande avec des perles et des colliers. Ma sœur, petite et naïve et surtout généreuse, m'offrait toute sa marchandise. Les lois du marché n'étant pas tout à fait intégrées, j'ai profité du moment pour lui vendre mes produits, mais vendre pour de vrai, 1 voire 2 euros... Ma sœur ne disait rien, c'était normal. Elle en parla à mon père qui trouva le procédé un peu cavalier de ma part, mais pas au point de me gronder.

Le soir en pyjama, ma sœur et moi regardions des dessins animés pendant la préparation du dîner, les cheveux humides d'un bain qui durait des heures, lavage au shampoing parfumé à la framboise. *Totally Spies* et *Johnny Bravo* sur l'écran de la télévision, nous avions droit à des chips apéritives quand il n'y avait pas école le lendemain. Nous adorions ces moments.

Un peu dans la pénombre, un peignoir en pilou sur nos pyjamas colorés, chaussettes et pantoufles, un bol en plastique et nos chips trop vite avalées. Réfugiées dans une dimension étrange, entre réel et fantaisie, entre parents divorcés et dessins animés, ma sœur et moi étions heureuses. Et puis, retour à la vie... «Les enfants, à table...» L'heure du repas sonnait le glas de notre plaisir. Ne pas se coucher trop tard, demain la journée commencerait à 9 heures, activités sportives obligent.

Juliette faisait de la danse classique et moi de l'équitation. Deux mondes différents et, vous allez voir, ce n'est pas fini. Au début de ma carrière d'adolescente, j'étais plutôt garçonne avec toute la panoplie que vous pouvez imaginer. Ma sœur, tout le contraire, robe rose, couettes avec élastiques roses, collants en laine rose et ballerines... non pas roses, mais mauves. Elle ressemblait un peu à Candy côté look.

Ce n'est pas fini. Niveau musique, j'ai hérité de mon père. Alors comment vous expliquer ?

Mouvance rock, pop rock, new wave, rock alternatif post-punk et très, très speed metal... Voire black metal, mais là j'ai abandonné rapidement.

Je suis restée avec la pop rock et le punk rock. En gros U2, Oasis pour le côté outre-Manche et Sum 41, Green Day, Blink-182, Simple Plan, Thirty Seconds to Mars, The Offspring ou Hoobastank, pour la partie transatlantique. Encore une fois, à l'opposé musical, on trouve Juliette.

Ma sœur a ceci de génial qu'elle adore aussi bien la chanson française que le rap ou l'électro. À la maison, toujours grâce au côté éclectique de mon père qui n'écoutait pas que du lourd, on entendait «Aragon et Castille» de Bobby Lapointe, MC Solar et «Caroline», mais aussi Lady Gaga et David Guetta.

Pourquoi je vous parle de ça? Laissez-moi vous raconter nos vacances en Corse, notre arrivée surtout. Les souvenirs déboulent... Notre voyage en avion, seules, un Lyon-Paris-Ajaccio et la passerelle qui nous déposait sur le tarmac, l'odeur du sel marin et des cistes, le parfum du maquis et l'empreinte du soleil. Mon père venait nous récupérer à l'aéroport Campo dell'Oro, au mois d'août.

Pochette autour du cou, sous le joli nom d'UM, qui signifie *Unaccompanied Minors* dans le jargon aéronautique, nous débarquions de l'avion, deux cents mètres sur les pistes, et voilà notre papa, tout sourire, les bras ouverts, heureux de nous avoir pour quelques jours.

Nous étions contentes de venir, la Corse c'est la mer... Mais aussi la montagne, surtout la montagne.

De nous deux, seule ma sœur est née en Corse, mais je ne suis pas sûre qu'elle soit plus têtue que moi. Pour elle, c'est son île. Elle s'y sent extrêmement bien, moi aussi mais moins qu'elle. «En voiture les filles», mon père venait juste de claquer le coffre avec entrain.

Et là commençait ce que je redoutais le plus, ma sœur également, le trajet entre Ajaccio et mon village. Dès la sortie du long virage qui contourne la piste d'atterrissage, on entre dans un autre pays. Les lacets vous font tourner la tête et puis, dès lors que vos yeux se rouvrent, c'est un endroit magique. Vous écrire simplement cela me rappelle mon enfance, des souvenirs en feuilles d'artichaut que l'on épluche. Retrouver les racines de ma famille à une trentaine de kilomètres de la ville, là-haut, car là-haut, c'est une autre Corse, celle du maquis et des châtaigniers, la mer n'existe plus à force de virages et de montées. Il suffit de se retourner pour la voir disparaître dans le dernier tournant au village de Cauro.

«Papa, j'ai mal au ventre.» Ça y est, ça commence...
Cette voiture fait trop de roulis, c'est un bateau dans la
montagne.

«Regarde au loin, Juliette.

— Quand est-ce qu'on arrive?

— Mais on est à peine partis depuis dix minutes!»

La route nous semblait durer une éternité. Et quelle
route! Un serpent de trente-cinq kilomètres, un dos
voûté, des courbes, un chemin sombre de bitume qui
tranchait sur la végétation et la roche.

«Ouvrez les fenêtres, si vous vous sentez pas bien.»
Mon père essayait toutes les solutions pour que le voyage
passe plus vite.

«T'as pas de la musique? suggérait Juliette.

— Bien sûr, les filles, vous voulez quoi?»

Et là, vous avez compris le dilemme. Oasis ou Claude
François, Lady Gaga ou Sum 41, Justin Bieber ou U2.
Nous voilà toutes les deux en train de tendre notre petit
iPod shuffle reçu à Noël.

«Ho, ho... doucement, chacun son tour...

— Mais on n'est pas des garçons, on dit "chacune".»

Je voyais la tête de mon père qui oscillait de droite
à gauche en souriant.

«Je dis "chacun" parce que moi aussi, je veux écouter
de la musique, et comme le masculin l'emporte sur le
féminin...»

Pas le temps de terminer la phrase, ma sœur tendait
le bras plus vite. On allait se taper une musique française, j'en étais sûre.

Principe d'équité oblige selon mon père, une chanson chacune... Je vous rassure, nous aimions quelquefois les mêmes, comme «La tribu de Dana» de Manau.

Et nous voilà à chanter à tue-tête dans la voiture...

Souvent, mon père nous faisait écouter d'autres musiques, éducation des oreilles, de l'écoute, il nous aura influencées, c'est sûr.

Voilà le souvenir qui vient de surgir là maintenant, lorsque je pense à ma sœur. Aujourd'hui nous avons des goûts en commun sur certaines choses. La musique? Oui. Les vêtements aussi, le maquillage un peu, les garçons pas du tout... Mais c'est un autre sujet

Les années passent trop vite, j'ai vu ma sœur grandir telle une tige de bambou en pleine forêt d'Asie. L'enfance s'échappe à la vitesse de la lumière. Je vous assure qu'on ne la rattrape plus. Alors gardez-la le plus longtemps possible dans votre cœur.

Avoir une âme d'enfant, continuer à jouer et à rire sans se soucier du reste, c'est bon pour le moral et la santé. En parlant d'enfants, j'ai la chance d'avoir deux petits frères. Eux malheureusement, quoi qu'il arrive, je les appellerai toujours comme ça, même s'ils me dépassent de vingt centimètres. Ben oui, c'est quand même moi la première...

Dans ma famille, six membres sont nés au cours des mois de février et de mars. Mes parents, ma belle-mère, mes deux petits frères et moi; ma sœur, toujours rebelle, est du mois d'octobre.

Pour les cadeaux d'anniversaire, c'est le tir groupé et pour les signes zodiacaux, nous voilà cinq Poissons et une Balance, presque un aquarium... Une poissonnerie, devrais-je dire. Je n'oublie pas le Bélier, signe de ma belle-mère, qui est née fin mars. Mais un Bélier dans une poissonnerie, je ne vois pas...

Revenons à mes « *two brothers* ». Alors ceux-là, il fallait les inventer...

Je me souviens de leur naissance. Je revois une photo de ma sœur et moi sur le lit de la maternité, un peu gauches, l'affreux jojo dans les bras. J'avais dix ans, Juliette huit. Le midi, nous sommes allés déjeuner à la pizzeria du quartier. On y prenait en dessert des cocos givrés. Vous voyez les souvenirs...

Pour le second, mon petit frère était chez les parents de ma belle-mère, ma sœur était à la maison, moi au collège, c'était un mercredi. À mon retour des cours, à midi, j'ai vu la famille s'activer un peu. Ma belle-mère était bien ronde et au petit déjeuner, elle avait décidé de prendre une douche et de faire sa valise, au cas où... Ni une ni deux, première contraction à midi trente et direction la clinique, salle des sages-femmes pour un monitoring. Nintendo DS dans la salle d'attente, à peine le temps de commencer une partie de Pokemon, et voilà qu'on m'annonçait que le petit monstre ne viendrait pas tout de suite.

Nous pouvions rentrer. Le visage de mon père était un peu tendu, le mien déçu de ne pas pouvoir aller à mon cours d'équitation. «Mais comment on va faire pour mon cours?

— Je te dépose chez papy-mamie et on verra après...»

Je n'avais pas complètement analysé la situation, et pour rassurer tout le monde, mon père décida d'acheter quelques pizzas à emporter. Tout le monde aimait ça et pas de temps perdu. Sitôt que nous les avons englouties, les contractions ont refait leur apparition, on nous a déposés chez mamie et j'ai vu la voiture partir vers la clinique. Nous étions un peu inquiets des légers gémissements de ma belle-mère. Discrète malgré tout, elle garda le silence et le petit monstre arriva vers 17 heures.

Nous le vîmes le lendemain après l'école. Plus petit que son frère à la naissance. Une crevette aux yeux bleus, j'avais treize ans et me sentis très fière d'être l'aînée d'une belle fratrie. Son premier doudou lui fut offert par son frère. Un singe orange et jaune qu'il avait trouvé dans la boutique de l'aéroport. Aujourd'hui, doudou est le patron de la maison. Mon petit frère, bien que très bagarreur, ne se déplace pas sans lui dès qu'il est fatigué.

Du coup, mes parents en ont acheté un deuxième, en cas de coup dur. Entendez par «coup dur»: perte, lavage, déchirure... Moi, mon doudou était une souris en patchwork faite main par ma tante. Celui de ma sœur, un lapin bleu clair et blanc, et le dernier, celui de mon grand petit frère, un dragon... Mon père, c'était un nounours gris qu'il a toujours et ma mère un morceau de tissu.

À chacun son doudou... Même Jelly, mon toutou, a son doudou, un cochon rose qui couine quand on le mord. Elle adore... Et moi, maintenant, cela me casse un peu les oreilles.

Comme je vous l'écrivais tout à l'heure, mes petits frères sont devenus grands à une vitesse incroyable. Pas le temps de fermer les yeux et déjà plus connectés aux nouvelles technologies que je ne le suis moi-même. J'ai pris un retard d'enfer... Ils sont très garçons, très jeux vidéo, et là j'avoue être larguée.

Pourtant, ils adorent me regarder jouer sur l'ordi. Les jeux ont ceci de démentiel qu'ils effacent les années. À sept et dix ans, ils me disent quoi faire ; bien sûr, ils n'ont pas tout à fait la même dextérité que moi, mais une vision du jeu, une résolution des énigmes, une compréhension du *gaming*... C'est bien simple, on a affaire à des petits génies, et je suis sûre que vous aussi, vous avez les mêmes à la maison. Des petits génies avec leur doudou.

Je ne sais plus à quelle heure j'ai commencé à taper sur le clavier. Je n'ai pas regardé ma montre... D'ailleurs, où est-elle ? Je ne l'ai même pas au poignet. Bien réveillée, ma grande.

Un petit coup d'œil en haut à droite de mon écran et je vois 15 h 01.

Comme à mon habitude, j'ai oublié de déjeuner, rien que de voir l'heure, mon estomac crie famine. Mes deux tasses de thé ne suffiront pas à me faire tenir toute la journée.

Je suis bien là, assise. Un chapitre terminé, je le relis et essaie de corriger les fautes, de trouver la bonne tournure de phrase. J'aime lorsque les mots se bousculent. Ils doivent venir aussi vite que mes idées, et quelquefois c'est le chantier.

Eux aussi grandissent trop vite, il faudra prendre un peu plus de temps la prochaine fois, cela m'évitera trop de corrections.

Allez, zou! J'ai faim. À bientôt.

XVI

DOCTEUR JEKYLL ET MISS HYDE

*(Toute ressemblance avec l'œuvre de
M. Robert Louis Stevenson est fortuite...)*

C'est avec pas mal d'appréhension, je tiens à vous le dire, que via mon petit ordinateur portable je vous écris. Oui, l'envie d'écrire est grande, mais un goût de tristesse et d'amertume vient poindre au fond de ma gorge.

J'aurais aimé vous parler différemment de cette belle chose qu'est l'amitié. Vaste sujet, n'est-ce pas?

Sentiment d'affection entre deux personnes. Attachement, sympathie qu'une personne témoigne à une autre : être lié d'amitié avec quelqu'un.

Bienveillance, gentillesse, courtoisie chaleureuse, manifestées dans les relations sociales, privées, mondaines. «Dire un mot d'amitié.» «Fais-nous l'amitié de venir dîner.» Merci, monsieur Larousse.

Tapez le mot «amitié» sur votre moteur de recherche favori et je vous assure que des centaines de citations apparaîtront, tout aussi pertinentes les unes que les autres. Allez-y, essayez, lisez une vingtaine de phrases et revenez me voir... Je vais également me rafraîchir la mémoire et faire comme vous. À tout de suite.

Alors?... Vous avez trouvé votre citation préférée? Celle qui vous ressemble le plus?

Je vous dirai celle que j'ai choisie, mais pas tout de suite. Parlons un peu de nos meilleures amies et... de nos pires ennemies. J'avoue n'avoir pas fait de grande différence entre les deux catégories durant mes années de scolarité. Suis-je la seule à avoir été trahie? Délit de sale gueule, jalousie, rapports complexes des jeunes filles entre elles? Je suis perdue dans tout ça.

Beaucoup de désillusions, et sans doute ai-je été responsable quelquefois de ces ruptures entre copines, bonnes copines, amies, très bonnes amies, confidentes... Mais savoir exactement pourquoi, je ne saurais vous le dire.

On se retrouve du jour au lendemain seule, décriée, avec des amies invisibles et une flopée de gens qui semblent vous être hostiles. En gros, ta meilleure amie vient tout à coup de partir avec une nouvelle fille qui est arrivée en cours d'année. Et tu n'en connais pas la raison.

Le problème, c'est qu'avec votre meilleure amie vous partagiez tout, les soirées, le petit chocolat à la cafétéria, le ciné... Moi, c'étaient les après-midi dans ma chambre sur le lit à discuter avec elle, des heures au téléphone à critiquer le garçon qui l'avait larguée, les mêmes goûts pour la musique, les fringues et j'en passe. Elle était presque comme un double, presque comme une sœur que l'on choisit.

Ma meilleure amie, personne n'aurait pu me l'enlever, on était vraiment accros. On se connaissait depuis le collège, toutes les deux différentes des autres, un peu renfermées au début. J'ai tout de suite aimé son look, son indépendance, son côté «*dark*».

Notre rencontre? Allez, je vous raconte. C'était au mois d'octobre, je m'en souviens parce que nous venions de fêter l'anniversaire de ma sœur. C'était le 20 octobre 2008, un lundi, j'étais en quatrième. Une sacrée douceur pour cette journée, avec presque vingt degrés et des nuages gris souris. Les garçons parlaient de foot, l'équipe de Lyon venait de faire match nul avec Lille, la veille au soir. Je vous écris ça parce que les garçons, quand ça parle foot, ça parle fort.

C'était à la sortie des cours, effervescence et excitation, il faisait vraiment chaud. En passant devant l'arrêt de bus, elle vint me voir pour me dire qu'elle trouvait chouette mon jean, mais elle n'eut pas le temps de terminer sa phrase. En s'approchant de moi, elle entendit la musique qui s'écoulait de mon casque audio lorsque j'enlevai celui-ci pour l'écouter. Son visage a changé d'un coup.

«Mais t'écoutes My Bloody Valentine! J'adore ce groupe et celle-là, c'est ma chanson préférée, c'est "Sometimes", non?»

Ses yeux, pourtant si sombres depuis le début, venaient de prendre une couleur que je ne connaissais pas, je vis ses dents pour la première fois, tellement son sourire était sincère.

« Oui, c'est "Sometimes". J'adore aussi, tu veux écouter ? »

Elle baissa légèrement la tête et je lui posai mon casque sur les oreilles. Elle ferma les yeux et écouta la fin de la chanson, puis elle enleva délicatement mon casque et le posa encore plus délicatement sur mes cheveux. Nous venions sans nous en rendre compte de faire le même geste symbolique : un passage de témoin, un sacrement musical, nous étions devenues inséparables. Mon année scolaire fut gorgée de souvenirs avec elle, en troisième également, même la coupure de l'été n'avait pas affecté notre relation. Nous avions voulu partir ensemble, voyager à travers la France, aller chez ses grands-parents dans le Midi, puis en Corse. Projet avorté parce que les parents ne sont pas trop chauds pour les escapades estivales à treize ans.

Mais c'était notre délire, nous en avions plein.

Rire et pleurer ensemble, soirée pyjama chez ma mère – mon père étant un peu « *just* » sur ce coup-là, il faut dire qu'il y avait mes deux affreux jojos à la maison, trois ans pour l'un, six mois pour le dernier... Alors, les soirées pyjama en mode bébé qui pleure, c'était pas vraiment son truc. Sortie cinéma, nous avions adoré *WALL-E*, son histoire, sa solitude dans ce monde dévasté. On idéalisait, et notre amitié n'était pas si éloignée de cet espoir de nouvelle vie.

C'était ma meilleure amie et, comme je vous l'écrivais, personne ne pouvait me l'enlever. Sauf que le kidnapping, c'est elle qui le fit. Les sales coups, c'est elle qui les fomenta. Pour sûr, elle était celle qui me connaissait le mieux. Ma meilleure amie était devenue ma meilleure ennemie.

Le coup de massue, vraiment. J'avais idéalisé quelque chose, et puis...

Dans ces moments-là, on commence toujours par se donner tort. «Je suis trop entière, c'est ça, je suis égoïste, je parle que de moi... C'est son copain, il m'aime bien.»

«Non, ce n'est pas ça. Je dois être trop extravertie pour elle, elle était très timide avant. Oh non, je sais, c'est que je l'ai considérée comme ma protégée, avec mes autres copines.»

Cela tourne dans la tête, et puis on est triste. On repasse en boucle l'année qui s'est écoulée. Rien à l'horizon pour expliquer pourquoi mes autres bonnes copines étaient devenues distantes avec moi et allaient plus facilement vers elle.

Cela a coïncidé avec le début de mes heures noires au collège, mon doux et délicat harcèlement que j'ai compris plus tard.

Un jour, on est venu me dire qu'elle inventait des histoires sur moi pour m'évincer du groupe. Les calomnies en tout genre allaient bon train, toujours rapportées avec un immense sourire. Endors-toi, tout va bien.

Elle me remplaça par une fille que personne ne connaissait et l'intégra au groupe. Moi, j'ai pris la porte de sortie, comme ça, sans que personne ne s'interpose. Je l'ai vécu comme une trahison. Celle avec qui j'avais fait les quatre cents coups me poignardait.

Je n'en voulais pas à cette nouvelle venue. Je voulais juste des explications. Mais non, rien, le vide absolu. Ma meilleure amie ne répondait plus à mes appels téléphoniques. SMS impossibles, je n'avais pas encore de portable à quatorze ans. Merci, papa... Sincèrement, je le remercie aujourd'hui de ne pas avoir cédé à mes demandes.

Alors on retourne vers soi les griefs, on se culpabilise. À tel point que rien ne peut vous ouvrir les yeux désormais. Même la bombe atomique qui vous fait des avances depuis peu, le beau gosse aux yeux noirs. Vous doutez. « Non, pas encore, je suis sûre que c'est un coup monté. Il fait ça pour me jeter après. »

Aujourd'hui, je ne sais toujours pas pourquoi mon amie m'a abandonnée et j'ai eu beaucoup de mal à me déculpabiliser de cette mésaventure. On finit par comprendre que des raisons, il n'y en a pas de véritables, sauf dans les cas flagrants de disputes pour avoir piqué à l'autre son copain.

On rêve toutes, qu'il s'agisse d'amitié ou d'amour, du fameux grand A. Mais une déception amicale blesse davantage notre âme qu'un gros chagrin d'amour. Ma meilleure amie me connaissait par cœur, sur le bout des doigts, c'était une part de moi. Et parce que nous, ados, nous changeons très vite, trop vite même, tout s'arrête. La sœur par alliance, mon second moi, direct à la poubelle. Rien n'est plus pareil.

Si votre copain vous quitte, cela fait mal, voire très mal, mais votre part féminine n'explose pas en éclats. Tous vos secrets intimes partis ailleurs, où ça? «Tout ce que tu ne dis pas t'appartient, tout ce que tu dis appartient désormais à ton ennemi.» Proverbe à méditer. Mais moi, je veux croire en l'amitié, alors que dois-je faire? Y a-t-il un secret?

Ma citation, la voici, c'est celle d'un chanteur célèbre, rocker, beau gosse et rebelle, tout ce que j'aime. Il s'appelle Jim Morrison, chanteur des Doors. Il a écrit: «Un ami est celui qui vous laisse l'entière liberté d'être vous-même.»

Alors voilà, si ma meilleure amie ne partageait plus rien avec moi, son départ s'imposait, logique.

Non vraiment, la seule chose que je ne comprendrai jamais, c'est qu'on devienne méchant, odieux et qu'on fasse du mal. Si vous avez la réponse...

En cherchant comme vous des citations sur l'amitié, j'en ai trouvé une, une pour la fin, pour nous les filles. Une citation qui pique un peu notre orgueil. Un peu misogyne, mais bon, des fois, les garçons, ils nous connaissent bien. Et cela ne date pas d'hier.

«L'amitié entre femmes n'est jamais que la suspension des hostilités.» (Antoine de Rivarol, 1753-1801)

Pourquoi pas, après tout, un peu de jalousie et tout peut déraper, dans n'importe quel domaine.

Pour contrer la jalousie, je verrais bien un truc du genre: «Moi, je suis jalouse de l'amitié qu'elles ont ces deux-là, alors on va faire mieux qu'elles! Toi et moi on est déjà super amies! Eh bien, que notre amitié soit encore plus forte que la leur...»

Un combat d'amitié... Quel défi! Mais je suis une grande rêveuse...

Ma bougie s'est éteinte. Lumière vacillante depuis un moment, je la voyais se tortiller, cette petite flamme, au fond du bocal, résistant une minute de plus. Et puis plus rien, son trépas au moment de taper ces trois points de suspension, étrange hasard.

L'odeur de fumée envahit la pièce, juste un instant. Je n'aime pas les bougies sans vie.

Sans réfléchir, j'en prends une autre que j'installe au même endroit que la précédente.

Un clic du briquet et voilà le retour de la vie, un peu de chaleur, beaucoup d'espoir, cela me fait du bien après ce voyage en amitié brisée. Drôle de pays, quand même, et dire que cela nous arrivera encore sans doute.

Je ferme mon ordi doucement. Des bruits de klaxon percutent ma vitre. Retour au monde réel. Demain, repos, pas d'écriture, pas envie... Une grande balade avec mon toutou, mais son doudou restera à la maison. Se promener avec un carlin et un cochon rose, cela ne fait pas sérieux. Bises.

XVII

TWILIGHT OU TITANIC

*(Vous choisissez, de toute façon
ce sont des films d'amour...)*

Oui, j'ai mis du temps avant de me remettre à l'ouvrage. On ne commande pas toujours à la nature. Ce soir, je vous parlerai des garçons. Une minute, s'il vous plaît, laissez-moi prendre une grande inspiration. Coucou, mon ordi, c'est l'heure...

Je veux bien faire la belle mais pas dormir au bois,
Je veux bien être reine mais pas l'ombre du roi

Paroles de «À ma place», chanson d'Axel Bauer feat Zazie, année 2000...

Les garçons, on n'a pas besoin d'eux et pourtant ils sont indispensables... J'aime bien cette phrase. Elle est rigolote. Comme je vous l'avais dit en préambule de ce livre, il vous faudra «de l'humour à la folie», les garçons... On vous aime bien et je ne vais pas ici recommencer la guerre éternelle : masculin contre féminin. Rien à voir, dehors tout ça !

Moi, je veux vous parler des difficultés à mettre les deux mondes ensemble sans trop de colle. Pour nous les filles, il y a des choses que l'on ne comprendra jamais chez vous, les garçons, et pourtant il n'y a pas une journée sans histoires d'amour.

On aime des gens que l'on ne comprend pas... Enfin, c'est plutôt eux qui ne nous comprennent pas. Le shopping, c'est pas si futile que ça, pas plus que le foot ou les concours débiles à la sortie des classes.

On n'a pas les mêmes valeurs, mais bon sang, que le monde serait triste sans vous et que... notre monde perso est quelquefois triste à cause de vous ! C'est ça, les chagrins d'amour. Les garçons, ils nous font rire et pleurer mais je crois que nous, les filles, sommes un peu responsables... À force de vouloir toujours trouver le Prince charmant, on oublie que lui aussi était peut-être une grenouille.

Dans tous les contes d'avant, il y avait le beau gosse qui venait nous sauver parce que en général nous étions en danger : manger la pomme, se piquer avec un fuseau, se disputer avec une belle-mère jalouse et méchante...

Enfin, depuis peu, nous avons des héroïnes aux cheveux rouges, rebelles. J'ai adoré Pocahontas, et puis Anastasia, Raiponce, Mulan, plus encore Kiki la petite sorcière et Coraline... Toutes ces héroïnes devraient nous inspirer pour nous éviter d'être tristes à cause des garçons. Elles sont inventives, courageuses, intelligentes, malignes, débrouillardes... toutes les qualités nécessaires pour se sentir bien, et cela ne les empêche pas d'aimer en secret le garçon de leurs rêves.

Restez vous-même avec les garçons, n'allez pas vous mettre dans la peau d'une autre pour qu'il tourne le regard vers vous. Grosse erreur, car notre vraie nature revient au galop et là, c'est la claque assurée. «Mais qui c'est celle-là? Pourquoi elle me dit ça? Elle était pas comme ça avant!»

Les garçons aiment bien tout diriger, ce n'est pas de leur faute, plutôt celle de nos sociétés... Alors, quand leur copine commence à changer, à devenir normale, quoi, eh bien là, ça ne va plus. Restez naturelle, vous verrez. Attention quand même, ne vous mettez pas à hurler lorsque les soldes arrivent, ni à vous épiler devant lui... Les filles, ça a des secrets, mais soyez vous-même.

C'est quoi au juste, un garçon? Direction le Larousse, je cite: Garçon, nom d'enfant de sexe masculin.

Direct, précis mais on n'avance pas trop. Tournons quelques pages.

Masculin, je cite encore: Adjectif, qui appartient, qui a rapport au mâle, à l'homme.

Bon, je ne suis pas plus avancée, je reviens un peu en arrière.

Mâle: Nom, qui appartient, qui est propre au sexe fécondant.

Je tourne en rond, je ne vais pas me faire tout le dictionnaire pour savoir ce qu'est un garçon! Une dernière fois, Fécondant: Adjectif, porteur de cellules reproductrices... Je vous passe le détail des exemples fournis, pistil et autres pollens.

Donc un garçon serait un enfant du sexe fécondant... Bravo. Vous voyez ce qu'il nous reste à faire, nous les filles, pour trouver un garçon? Le premier truc qui déambule dans la rue ou qui se trouve devant vous en cours, interpellez-le et demandez-lui: «Es-tu un enfant du sexe fécondant?» Je vous garantis le résultat. Ou il part en courant, ou il imagine que vous êtes une anthropologue allumée.

Mais moi, ce n'est pas ce que je veux. Moi, je veux quelqu'un à côté de moi, qui console mes chagrins lorsque je suis en émoi, je veux rire de tout, même de moi lorsqu'il se moque de lui. Je veux du temps à deux, lui et moi.

Ne me dites pas que cela ressemble à de la poésie. C'est venu comme ça. Moi, c'est ça que je veux avec un garçon, oui mais... où va-t-on rencontrer cet «objet rare»? À l'école, nous avons de grandes chances de le trouver. Grand, petit, brun ou châtain clair, les yeux arc-en-ciel, il y en a pour tous les goûts. Le problème, c'est qu'on veut toutes la même chose.

Pas compliqué, énumérons les qualités tant désirées chez le garçon de nos rêves.

Drôle, gentil, sincère, intelligent, sportif, beaucoup de charme, bien foutu, un peu vaurien, sensible. Je m'arrête là. Vous secouez le tout, vous les mettez dans l'ordre que vous voulez, mais ce qui est sûr, c'est que dans le paquet cadeau, il doit tout y avoir. En gros, on veut toutes le même. Trouver chaussure à son pied, même si vous faites du 41, ce n'est pas grave.

La perfection faite homme, avec quand même des petits défauts de fabrication, nous sommes preneuses. Ce garçon doté de toutes les qualités, comment l'attirer vers vous? Vous n'êtes pas la seule. Comment vous faire désirer par «l'objet du désir»? Moi, avec mon appareil dentaire, mes boutons et mes cheveux dans la mauvaise coloration, je n'avais aucune chance.

Ce qui est compliqué, c'est que nous sommes, nous les filles, un peu compliquées également. On veut le rencontrer et dès qu'il est à portée de main, on s'enfuit, l'écharpe sur le visage, on se cache derrière le dos de sa meilleure copine. «Cache-moi, il est là! Là, juste devant, mais cache-moi, mince...»

Ne soyez pas pessimistes, qui se ressemble s'assemble.

Vous ne trouvez pas cette phrase un peu ridicule?

Alors, les grands avec les grandes, les blonds avec les blondes, et pourquoi pas vous deux là-bas, avec vos lunettes, allez ensemble. Il n'y a pas de règles, je vous assure. Je suis plutôt pour le mélange des genres.

Je vais vous dire, il n'y a que les collisions qui occasionnent des rencontres. Deux comètes dans l'espace, si elles ne se percutent pas, il n'y a aucune chance qu'elles puissent un jour échanger quoi que ce soit.

Moi, j'avais cette technique. Du style grosse bousculade dans les escaliers, avant d'entrer en classe, dans la rue, devant l'arrêt de bus. «Oh pardon, excuse-moi...» On s'échappe rapidement en pensant: «Je l'ai touché, il m'a vue, génial... J'adore son parfum.»

Bon, ça, c'était la technique, mais qui dit technique dit entraînement, et là bonjour la catastrophe! Ben oui, on ne s'entraîne pas avec celui qu'on veut, on en prend un autre, pour essayer, voir si ça marche. Alors, il faut faire genre je le bouscule, se débrouiller pour qu'il ne soit pas trop attiré par toi. Compliqué les filles, nous sommes compliquées ou bien est-ce moi toute seule?

Pour mon entraînement, j'avais tout un arsenal de méthodes. Le bousculer à la fin des cours, pas terrible. Mieux, en début de journée, on prétexte le réveil matinal et puis la conversation peut débuter, un regard, puis deux, on a la journée.

Si on est accro et têtue, on le rebouscule ou bien on fait tomber son sac devant lui. On invente un truc, l'air un peu gauche: «Décidément ce n'est pas ma journée...» Le principal, c'est qu'il vous regarde. Et là le sourire qui tue, celui que vous avez travaillé devant votre miroir.

Bon, il faut de l'entraînement, je l'admets.

Mais comment vous dire? Moi, je me suis exercée longtemps. C'était d'ailleurs un sujet de rigolade entre copines. On s'imaginait tous les scénarios possibles et nous avions de l'imagination.

Mais que se passe-t-il vraiment? On se fait belle tous les jours durant l'année, presque deux cents jours à être parfaite, à essayer de provoquer l'amour de nos rêves et puis... Le jour où rien ne va : les cheveux pas lavés, tu sors en jogging pour aller chercher du pain pour tes parents, *boum*, la fameuse collision. Non pas maintenant, ce n'était pas prévu, pas comme ça. Je suis moche et lui, il est magnifique. Il va me détester.

« Salut, ça va ? Je ne t'ai pas fait mal ? » Sa voix est sublime, du miel. Et ses yeux, mon Dieu ! Il est musclé en plus, je le savais.

Ce que vous ne saviez pas, c'est que lui aussi avait la même stratégie. Mince alors, les garçons aussi font pareil ?

Cette technique de choc frontal est efficace, mais attention aux bosses.

L'autre méthode, plus classique, est le pistage. Repérage, renseignement, comment s'appelle-t-il ? Quel âge ? Son signe zodiacal ? Quel lycée déjà ? Il a redoublé ?

Un sourire entre deux escapades, on récupère un numéro de portable, une adresse. Une lettre, un mot, un SMS, toujours pas de rendez-vous véritable, mais on sent que le poisson a mordu à l'hameçon. Quelque chose se passe.

Les copines font de l'infiltration. L'une connaît sa sœur, elles sont dans la même équipe de plongeon. Il vient la récupérer certains soirs après l'entraînement. Au bout de quelques semaines, enfin un pseudo-RDV. « Je ne sais pas si je vais y aller », courage fuyons, comme diraient certaines.

« Non, je ne veux plus y aller, j'ai trop peur.

— Peur de quoi ? Cela fait deux mois que tu veux ce rendez-vous et tu nous lâches !

— Venez avec moi, enfin, pas trop loin... »

Je n'ai jamais eu de sac assez grand pour emmener tout ce dont j'avais besoin, prendre toutes mes copines avec moi. Au cas où ? Mais non, j'irai seule, peur qu'une de mes copines me le pique.

Passons. Le rendez-vous est dans une semaine. La check-list est longue, préparatifs en vue.

Shopping mercredi après-midi pour trouver la tenue qu'il va aimer. Mais il aime quoi, au fait ? Et c'est l'angoisse totale, le stress, et qui dit stress dit petit bouton rouge imprévu, juste là sur votre joue, pire au coin de la lèvre pour être sûre qu'il ne puisse pas vous embrasser.

Vous ne pouvez pas imaginer de quoi nous sommes capables pour essayer de vous plaire !

Le shopping en fait partie, je vous assure, les garçons. Ne rigolez pas.

Mais ce n'est pas tout, on se rase les jambes en plein hiver, jambes que vous ne verrez jamais puisque la mode est au pantalon serré, et puis, au mois de janvier, les robes c'est avec des collants noirs en laine. Vous ne verrez rien et on le fait quand même, épilation des aisselles, même combat. Nouveau chouchou dans les cheveux, et alors ? Vous ne connaissiez pas le précédent.

Nous devrions venir comme nous sommes. Le plus important n'est-il pas d'avoir les même envies ?

Il est là, pas en retard. Une dernière inspection, tout va bien. Les copines sont à l'arrêt de bus précédent. Elles viendront dans une heure, comme ça, par hasard. On ne sait jamais, si vraiment il n'est pas intéressant. Tout le monde peut se tromper. Et si vraiment c'est la perle rare, je m'arrangerai pour aller ailleurs. Je prétexterai n'importe quoi auprès de mes copines. Qu'il devait aller à la Fnac pour acheter une nouvelle carte mémoire... Les garçons aiment bien la technologie, cela les rassure.

Tout s'est bien passé. On a bien discuté, j'étais un peu timide et lui aussi, cela nous a fait rire. On s'est donné la main et on a marché longtemps. Je garderai le secret sur la suite. Si je l'ai embrassé? À votre avis? Un petit bisou sur le coin de la bouche. Il est gentil? Je le savais.

Les premiers moments d'une histoire d'amour sont toujours marquants. Nous ne voudrions que des premiers moments, je crois. La première séance de cinéma, la glace qui dégouline sur la main lorsque nous sommes assis sur le banc parce que, à force de le regarder, on oublie de la déguster. Il est trop beau. Son parfum collé à son écharpe, celle qu'il nous a donnée. Les petits messages du soir, notre portable qui vibre à la fin des cours, c'est lui c'est sûr, son visage qui apparaît, le «selfie» de la veille, au parc sous la neige.

La neige cache tous les défauts, et un jour la neige fond. Les premiers moments sont déjà loin. Il n'est plus le même, il vous agace. Vous lui avez rendu son écharpe.

La séparation, la fin de l'histoire, nous ne sommes pas trop tristes cette fois-ci, nous l'avons quitté.

Mais qu'en est-il si, en plein «*love*», l'amour de votre vie vous quitte? Impossible, pourquoi moi, je ne l'ai pas mérité. Le monde s'écroule. Car les garçons, c'est aussi et surtout les chagrins d'amour.

On coupe son bracelet brésilien, on ne se maquille plus, on ne mange plus. On sanglote au fond de sa chambre, on voudrait hiberner jusqu'à la fin des temps. Selfie effacé mais pas le polaroid, les quatre portraits du Photomaton, vous, lui, vous deux, vous deux, que vous tenez dans la main, froissés, humides, le nez qui coule. Nous sommes inconsolables.

Cette expérience est super douloureuse, on se sent blessée. Je me souviens d'avoir été entièrement absorbée par mon malheur, j'avais tout perdu. Je ne voulais pas en parler à mes parents, «ils ne comprennent rien, de toute façon».

Ma mère s'attacha à m'expliquer qu'il y aurait d'autres garçons.

«Mais c'est lui que j'aime, tu ne comprends pas!

— Si, je comprends, mais ne te mets pas dans cet état-là.»

Je me suis mise à douter de moi.

«Tout est de ma faute.» Ensuite, j'en ai voulu à ma mère parce qu'elle ne m'avait pas laissée sortir à cette fameuse soirée – fin d'après-midi, exactement – où il avait rencontré cette autre fille. «Si j'avais été là, il serait encore avec moi.»

«Je suis sûre qu'il pense toujours à moi.»

Je crois être passée par tous les stades de la tristesse et de ses répercussions. Je ne sais pas faire les choses à moitié. J'avais mal au ventre, j'avais la tête qui tournait, normal je ne voulais plus manger. J'ai noirci mon journal intime, j'en ai même acheté un deuxième, rien que pour écrire tout le mal que je lui voulais.

J'ai écrit des chansons tristes et des poèmes. Et si je ne me sentais toujours pas bien, coups de téléphone à mes copines.

Oui, ce n'est pas simple, une séparation. Mais je voudrais terminer ce chapitre par ce que je crois avoir compris. Au collège et au lycée, avec nos premières amours, on aime l'autre non pour ce qu'il est, mais pour ce qu'on veut qu'il soit. C'est notre côté Prince charmant.

On finit par accepter nos erreurs. « La prochaine fois, je ne sortirai pas avec un superhéros, je le prendrai tel qu'il est... Je ne craquerai pas trop vite pour des yeux vert clair, il y a bien quelqu'un derrière tout ça. »

Avec le recul, ces chagrins d'amour sont nécessaires. Pas facile de les vivre, je vous l'accorde, mais tomber amoureuse, quel pied ! La vie ne s'arrête pas à la fin d'une histoire d'amour. Les films se terminent souvent bien. Bon, c'est vrai, *Titanic* pas vraiment, mais c'est beau quand même.

Au fait, les filles, ne soyez quand même pas trop rudes avec les garçons. On n'a pas besoin d'eux mais ils sont indispensables. Bises à vous, les *boys*.

Mon portable vibre. Je reviens à ma réalité. C'est ma sœur. Elle veut me présenter son nouveau copain. «Demain, ok, pas de problème.» Je suis contente pour elle. Je reste silencieuse, une tonne de souvenirs... Larmes et baisers.

XVIII

MEN, WOMEN AND CHILDREN

(film de Jason Reitman, 2014)
J'adore, c'est lui qui a réalisé Juno,
un de mes films préférés...

Mes mots seront quelque peu différents. Moins d'humour pour ce chapitre dédié au Net.

Comment parler de cette immense technologie sans laquelle nous ne nous serions jamais rencontrées ? Sérieuse, je me mettrai au bureau pour parler de tout ça. Thé glacé, cela me changera. Le jour se lève à peine, c'est le moment.

Ce matin, j'aimerais vous écrire quelques lignes non sur moi, mais sur ce qui nous relie. Comment se fait-il que nous nous connaissions sans vraiment nous connaître ? Comment, par le biais de cet extraordinaire outil qu'est le Net, pouvons-nous échanger ? Est-ce devenu indispensable ? Comment faisait-on avant ?

Facile d'utilisation, vous êtes d'accord ? Mais je voudrais mettre à profit ma petite expérience pour vous sensibiliser à ces réseaux qui ne sont pas forcément configurés par défaut pour protéger votre vie privée et ce que l'on nomme la e-réputation.

C'est la raison pour laquelle, avant de voyager à travers la Toile, cet univers aussi merveilleux que dangereux, mieux vaut savoir la maîtriser. Les ordinateurs sont dans nos mains aujourd'hui, un portable digne de ce nom est une fenêtre sur le monde.

Alors, soyons vigilantes, les filles.

Le dos bien calé contre le dossier de mon siège de bureau. « Coucou, c'est moi, petit ordi, on y va, c'est l'heure de bosser un peu. On en a pour quelques heures. Toi aussi tu as faim, tiens, voilà je te branche... Ça va mieux ? Oui, je vois un petit éclair sur l'icône de ta pile. »

Internet a complètement changé la façon dont nous, les humains, tissons des liens avec d'autres humains. Si j'utilise le verbe « tisser », c'est vraiment parce que nous sommes en présence de la Toile.

Avez-vous vu, à l'aube givrée d'un matin d'hiver, ces délicates formes géométriques tout droit sorties du ventre de notre belle et effrayante arachnide ? Fine bruine captée par ce piège de soie, spirale sur rayons, toile orbiculaire figée qui magnétise nos regards dans les matinées frileuses. Au loin, elle attend sa proie, la moindre vibration, et la voilà sur nous, notre belle et effrayante araignée. Va-t-elle nous dévorer ? Sûrement...

N'ayez pas peur. Autant le spectacle de ces centaines de toiles dans les champs est magnifique, autant elles peuvent susciter l'angoisse. Mais restons sur le charme envoûtant de cette architecture. Internet est un réseau de câbles et de fibres et nous en avons fait un immense réseau social, une autre manière de communiquer.

Mais qu'est-ce qu'un réseau social? On va dire qu'il s'agit d'un ensemble de personnes réunies par un lien social. Mais encore? C'est un ensemble qui réunit des personnes via des services d'échanges personnalisés, chacun pouvant décider de lire les messages de tel ou tel autre utilisateur. Aujourd'hui, nous connaissons, pour la plupart d'entre nous, toutes ces communautés en ligne sous différentes formes, avec leur propre mode de fonctionnement, leurs règles de bon usage, leurs limites, leurs dérives. Car toutes ces plateformes ont connu un essor exponentiel chez nous, les jeunes, voire chez les plus jeunes.

Facebook, Twitter, Tumblr, Instagram, Snapchat, Linkedin, Skype... Ce sont les plus connus, mais pas les plus utilisés dans le monde. Eh oui, tournez-vous vers l'Est et vous verrez: la Russie, la Chine, le Japon... et vous entendrez parler de Nimbuzz, LINE ou Renren. Je vous l'avais dit, nous sommes des milliards à être connectés.

Connectés, oui bien sûr. Mais comment? Pourquoi? Pour qui? Où ça? Avec qui? On se calme...

Je ne devais pas vous parler de moi, mais en tant que citoyenne des réseaux sociaux, en tant que connectée, laissez-moi vous donner ma vision de ce drôle de pays. Il s'y passe beaucoup de choses, le meilleur comme le pire. À chacun sa façon d'y vivre, on peut dire qu'il y en a pour tous les goûts, du simple texto aux photos de vacances, des réunions de travail possibles à des milliers de kilomètres de distance, création instantanée par le biais de mails et fichiers «downloadés», témoignage en temps réel, réactivité, vidéos téléchargées.

Un peu la jungle quand même, peu de feux rouges pour gérer la circulation. Embouteillage monstre les soirs de Nouvel An, messagerie saturée, informations quasi instantanées, sinon la journée sera... pourrie.

Qui dit connectée dit aussi vulnérable, parce que facilement atteinte par les critiques.

Qui dit connectée dit aussi indestructible, parce que la mémoire du Net est un disque dur sans limites. Ce que vous y inscrivez sera là pour longtemps.

Ce que j'aime dans les réseaux sociaux, c'est la chance de ne pas rester seule. D'activer quelquefois un élan du cœur pour un sujet qui serait resté dans l'anonymat sans cela. De pouvoir développer sa créativité, la faire partager. Une grande cause et voilà des millions d'internautes en émoi. Sans arrière-pensée, juste pour le bien de tous.

Ce pays idyllique n'existe pas toujours. Seul ou seule, nous sommes happés par cette facilité à communiquer exclusivement par l'interface de la machine.

Une webcam au mieux, pour tchatter alors que nous résidons dans le même quartier, c'est le début de la solitude je vous assure, être en ligne tout simplement.

Quant à l'anonymat, parlons-en! Un pseudo... Bien assis devant leur écran sans crainte d'être importunés, des millions de sans-visage jugent, critiquent, insultent. Rien de constructif, juste de la haine, part sombre de l'humain. Oui, les réseaux sociaux, c'est aussi ça, des critiques très vives notamment sur Twitter, pays sans limites.

Telle artiste scrutée chaque jour pour le moindre de ses faits et gestes... Moi, j'ai besoin d'être heureuse et les réseaux sociaux commencent à devenir trop négatifs et épuisants, puissants également. À nous de les dompter.

Alors voilà, les filles, je voudrais terminer par un petit conseil.

Nous sommes toutes et tous bien accrochés à nos tablettes et autres smartphones. Comme je vous le disais en début de livre, nous sommes une génération de branchés, dans le vrai sens du terme. Des accros de la Toile...

Il faut savoir, je crois, se débrancher de temps en temps. Pour moi, c'est vraiment nécessaire. C'est pourquoi Jelly Bean, ma chienne, est venue dans ma vie. Vous la voyez en vidéo, mais je passe beaucoup de temps à l'emmener en balade, à me promener avec elle. Passez d'une vie *online* à une vie un peu plus *offline*.

Être au contact de vous toutes par le biais de mes vidéos ne m'empêche pas de rester bien consciente du phénomène Internet. Vous connaissez le mot «addiction», c'est le synonyme de dépendance. Eh bien aujourd'hui, il existe des mots nouveaux pour parler de tout ça.

«Nomophobe» : contraction de l'expression anglaise «*no mobile phobia*» qui désigne la peur d'être séparé de son téléphone portable. Vous voyez de quoi je veux parler.

Apprendre des choses, voir, s'informer, parler à des amis au bout du monde, oui bien sûr, génial même. C'est ce qui me plaît dans Internet. Mais comprenez bien qu'Internet est un outil, un moyen, un médium (ça, c'est le mot scientifique).

Je vous explique : si vous passez du temps, que vous dépensez beaucoup d'argent dans du shopping en ligne, c'est que vous êtes accro au shopping, pas à Internet.

Lorsque vous passez des heures devant des jeux vidéo, vous êtes accro aux jeux, pas à Internet... Mais dans notre vie quotidienne, les ordinateurs portables, les tablettes sont là, partout, et donc dans nos sacs à dos il y a Internet. Voilà, on est accros à Internet, c'est vite fait...

Il est donc très difficile de ne pas être au contact de ce moyen de communication.

Alors ne soyez pas gourmandes, prenez un peu de recul. Ne sautez pas tout de suite, dès votre réveil, sur votre smartphone. Il y a une grande et belle vie en dehors d'Internet.

Oui, je me balade souvent, mon cerveau alors vagabonde et les idées me viennent. La créativité, c'est ça... Et puis, en rentrant, j'utilise mon ordi pour produire et Internet pour vous envoyer mes vidéos.

Nous sommes toutes un peu responsables de la manière d'utiliser Internet. Faites bien la différence entre la réalité et la fiction. Encore une fois, renseignez-vous. Pour conclure, je voudrais vous donner un exemple. Je parlerai des surfeurs ou surfeuses, je n'en ai jamais vu partir au large sur de grandes vagues sans avoir compris le sens de la vague, la houle, la dangerosité des baïnes, le vent. Si l'on débute seul, pourquoi pas, mais le risque de prendre de mauvaises habitudes existe.

Suivre des cours avec des moniteurs est une bonne stratégie. Et puis les vagues de Bretagne ne sont pas celles des Landes, régions différentes, coutumes différentes. Oui, vous me voyez venir, alors «surfer» sur le Net c'est pareil? Oui, c'est la même chose. Un guide vous évitera bien des soucis, croyez-moi.

J'ai mis du temps à le comprendre, moi une accro à beaucoup de choses, y compris à mon côté autodidacte. Alors, une bonne combinaison et jetez-vous à l'eau, les filles.

Mes deux ordinateurs, Gros et Petit Lulu, vont être tristes de ne plus raconter d'histoires.

Mon carnet rose n'a plus une seule page à m'offrir. Bon, eh bien, je continuerai à faire des vidéos, recherche de sujets, lumière et décoration, montage, bande-son, c'est ce qui me passionne.

J'ai eu la chance de trouver un pays accueillant sous la forme de Youtube, mon moyen d'expression. Tenez, un petit chapitre sur mon réseau social préféré, rien que pour vous.

XIX

YOUTUBE

*(Planète Youtube, système solaire Google,
galaxie PCMac)*

Le pays dans lequel je me suis reconstruite est un peu étrange. Là-bas, nous nous appelons les «youtubeuses». Je l'ai découvert après maintes explorations. Autorisation des parents en main, adresse IP et déverrouillage conformes, j'ai eu la chance de partir à la rencontre du monde fantastique des faiseurs de vidéos, des pirates de l'événement, du partage des tranches de vie de n'importe qui, images vivantes et quelquefois déroutantes.

Mon premier voyage en terre inconnue coïncida avec mes mésaventures scolaires, tracasseries de toute sorte. En rentrant des cours, le sac de classe jeté négligemment au pied de mon lit, je n'aspirais qu'à voir des trucs drôles sur le Web. D'abord des vidéos genre gags et compagnie, la chute en vélo, le trampoline de la mort, *Jackass*, mais aussi clips, extraits de concerts live, filmés à bout de bras avec un portable... Tout, quoi.

Cela me changeait les idées. Je voyais de temps en temps des vidéos plus personnelles. La chaîne Youtube était encore jeune, née en 2005 aux USA et apparue en France en 2007 ; un immense vent de liberté souffla et chacun à sa façon exprima ses idées, sa manière de voir le monde, donna des conseils pour tel ou tel truc à réparer.

Je ne mentionne ici que les bons côtés, parce que voir des vidéos de combat de chiens n'est pas ma tasse de thé.

Tiens, à propos, j'ai complètement oublié de m'en faire une. Pause... Je reviens dans une minute. Cela fait du bien de tenir une tasse bien chaude entre les mains, ça réchauffe.

J'ai trouvé intéressant ce moyen d'expression, se filmer et parler de divers sujets. En plus, c'est la possibilité pour chaque visiteur de laisser une remarque, un message, un « *like* » ou « *dislike* ». Chaque soir, en rentrant du collège, je zieutais donc quelques vidéos et laissais un petit mot. Petit à petit, nous étions quelques-unes à visionner le même genre de vidéos, à laisser des messages, ce qui nous amena à échanger d'autres messages à titre personnel.

Je n'avais vraiment plus beaucoup d'amies en classe, Youtube fut un moyen de m'exprimer sur beaucoup de sujets. Une communauté de jeunes filles pour la plupart en mal de vivre qui trouvaient là de quoi s'assumer et retrouver espoir.

En grande perte de confiance, je découvrais dans ce nouveau pays un apaisement et une envie non pas uniquement de recevoir, mais aussi de donner. La chose me parut extrêmement simple, en fait.

J'ouvris un compte, le cœur battant, malmenée par une angoisse de faire quelque chose d'illicite et la curiosité de savoir ce que cela allait donner. Je me souviens d'avoir rempli le formulaire électronique et terminé la lecture de la charte rapidement. Une envie de me lancer tout de suite, de faire ma première vidéo, mais pour dire quoi? Il était déjà l'heure de dîner, je n'avais pas encore fait mes devoirs. «Marie, à table!» résonna et je m'empressai d'engloutir mon repas. Silence radio sur mes intentions, je gardai le secret pour le moment. Le lendemain était un samedi, j'aurais du temps pour comprendre comment ça marchait.

Ma première vidéo, toute une histoire... J'ai dû recommencer plusieurs fois l'enregistrement, non pas parce que je me trouvais bizarre en caméra de face, mais parce que le son n'était pas bon. Aujourd'hui, il y a encore des ratés et je passe beaucoup de temps à améliorer la partie sonore. Pour la lumière je suis satisfaite, mais pour le son... ce n'est pas encore ça.

Avant de l'envoyer, j'eus un léger pincement au cœur, comme si quelque chose allait se passer pour moi. On allait me voir, m'entendre, me connaître. Je n'ai pas du tout pensé aux critiques, je vous assure. Non, c'est avec aplomb que je fis cette démarche, courageuse sur le moment et trouillarde par la suite.

C'était fait, ma vidéo prenait place dans ce nouveau pays. Qui donc allait la regarder? Filles, garçons, adultes? Mes ennemies peut-être? Je commençais à changer, davantage d'assurance, je pensais aux autres, celles et ceux qui aimeraient mon look, ma voix, mon personnage au travers des petits conseils que j'allais donner.

Je devins très vite «droguée» à cette nouvelle manière de vivre. Avoir la chance de rencontrer d'autres internautes, tous différents, ou de lire leurs commentaires. Au début, peu de critiques, normal car j'étais peu connue. Ma personnalité s'en trouvait changée, complètement. Cela faisait longtemps que je ne m'étais pas vue sourire. Le visage s'illumine, c'est incroyable.

Une, puis deux, puis trois vidéos... Vous savez compter mieux que moi.

Bien sûr, cela eut des répercussions, des retombées positives au lycée, tout d'abord des regards pleins de questionnements, puis des approches afin d'écouter mes discussions, enfin une parole lâchée: «C'est toi qui fais des vidéos?»

Lorsque l'on change, le monde change, le monde autour de vous. Oh, tout n'est pas plus beau, mais c'est notre vision, notre filtre intérieur qui rend les choses différentes.

Je sentais moins d'agressivité, je me suis mise à respirer à pleins poumons, moins oppressée malgré la pollution de la ville, c'est tout dire. Puis ont suivi de très belles rencontres avec des fans, des abonnées surtout pendant les «Meet-up». Mon tour de France fut une expérience unique, chaque ville offrait, à travers sa culture, son amour.

Des rires et des pleurs de joie, rencontres d'autres filles comme moi, passionnées, youtubeuses également. Présents, échanges et conseils, patience dans les longues file d'attente pour une photo. Merci...

Comment vous dire, c'est devenu un métier et une passion. Donner des conseils sous la forme de vidéos, c'est génial. On essaie de s'améliorer pour rendre le tout plus artistique, pour donner de la couleur aux mots, une ambiance – pas toujours simple, je vous l'avoue.

Il faut l'idée, et c'est souvent grâce aux commentaires, aux demandes des abonnées que j'oriente mes recherches. Tel maquillage, telle idée pour les fêtes, je m'oblige à restreindre mes sujets, sinon vous auriez cinq vidéos par jour et moi je ne dormirais plus. Les cernes, il y a mieux comme image.

Sujet en poche, je bosse sur la forme. Le lieu, le moment, les produits, souvent je parle trop vite, c'est un peu ma marque de fabrique, mais c'est promis je vais faire un effort, à moins que vous trouviez cela fun. N'oublions pas mon côté maniaque, le trépied dans ce sens s'il vous plaît, batterie rechargée, un petit coup de main dans mes cheveux, où est Jelly, bon sang? C'est parti.

Les rushs sur l'appli qu'il faut, et là, pour moi, c'est la partie préférée de mon travail, le montage, la séquence qui fera que sur une heure de vidéo quinze minutes sortiront. Musique greffée, choisie dans les morceaux autorisés, on colle le tout, on synchronise, on tâte le terrain, création d'ambiance.

Et là, une tasse de thé vert lorsque le travail s'achève. Respiration, «revisionnage» le doigt sur la touche Envoi, et c'est l'excitation et le stress lorsque je poste cette nouvelle vidéo.

Même émotion que la toute première fois, en me demandant toujours ce que vous allez penser de celle-ci ou celle-là. C'est un peu nerveuse que j'attends vos réactions, pas toujours simple de proposer un nouveau concept, une nouvelle façon d'appréhender les sujets. Je m'étais imaginée les cheveux courts, nouveau look, mais bon, chaque chose en son temps. Ma passion est devenue un métier à part entière. Beaucoup de bonheur et d'investissement également, pression à l'idée de ne pas décevoir, on veut plaire à tout le monde mais ce n'est pas possible. On accepte de devenir un personnage public, on s'expose au monde, on s'expose au sens critique, à ceux qui n'apprécient pas votre travail ou vous-même. Ce personnage public s'est doucement imposé à moi, la notoriété en bagage. Cela n'est pas facile de rester proche de vous, de vous écouter, mais je ferai toujours le nécessaire pour que nous puissions nous voir. Vos lettres, vos mots, vos photos et Internet qui relie celles et ceux qui ne peuvent pas se déplacer, quel pouvoir!

Je suis une vraie connectée, je vous l'ai déjà dit et vous le redis, mais une connectée qui n'est pas anonyme.

Les critiques sont à prendre, les insultes un peu moins, moyen pour certains de s'exprimer d'accord, et je vous assure : on s'y fait. Non, ce qui ne me plaît pas, c'est l'anonymat. C'est la part sombre du Net. Avec le temps, les mentalités changeront, je suis une optimiste. Je veux croire que la possibilité de rester inconnu au sein de la Toile sera dans un futur proche plus complexe à réaliser. « Sans transparence, le silence. »

Nous sommes et serons les acteurs de cette nouvelle Toile. Les critiques sans nom ne sont que des médisances, les voix du « Corbeau ».

C'était mon petit coup de gueule, cela fait partie de mon caractère. On se lâche gentiment et on passe à autre chose.

Je suis ici un peu, voire beaucoup dans l'autobiographie. Je me revois dans ma chambre, drôle de souvenir, pas encore de grand sourire, un peu tendue, main dans les cheveux, main dans les cheveux... main dans les cheveux. C'était la chambre de l'appartement de mon père, connexion Internet parfaite, début des vacances, petit cœur autour du cou. Une question : date de ma toute première vidéo et son sujet ?

Réponse : juste avant l'anniversaire de mes seize ans, une semaine avant exactement, postée le 12 mars 2011, avec comme sujet : « Les boucles avec un lisseur ».

Oh, j'ai une idée. Je pensais terminer ce livre sur ce chapitre, mais vous avoir parlé de ma première vidéo m'a réjouie. Je me suis dit : « Pourquoi ne pas parler de mes premières fois et vous en dire un peu plus ? »

Restons encore un peu ensemble avant que vous ne tourniez la dernière page de ce livre. À tout de suite, les filles.

Je suis contente de ce chapitre. Mes ordinateurs et moi avons bien travaillé, je me félicite avant d'entamer un nouveau grand bond dans mes souvenirs. Nous avons toutes et tous une première fois, laissez-moi vous en raconter quelques-unes.

Une balade au parc des Hauteurs, près de la cathédrale Notre-Dame de Fourvière, me fera le plus grand bien. Un coup de vent, d'air frais dans mes poumons et dans mon cerveau, histoire de ne pas écrire n'importe quoi. À demain.

XX

MES PREMIÈRES FOIS

(Attention je ne vous dirai quand même pas tout,
les filles ont toujours des secrets)

Très longue balade sur les hauteurs de Lyon, sans un mot. J'ai gardé le silence en essayant d'écouter uniquement les bruits de la ville. Il faut être attentive, patiente, curieuse avant de comprendre comment s'exprime la cité. De retour chez moi, les sens éveillés par cette marche, je veux retranscrire tout cela sur le papier. Longs sifflements du vent s'engouffrant par les traboules, déchirures presque silencieuses des péniches poussives sur le dos du fleuve, pies et écureuils en duo improbable dans les parcs cachés par des murs effrités. J'essaie de mettre des mots sur les sons entendus, mais rien ne pourra vraiment s'approcher des sonorités urbaines.

J'arrête un instant de taper sur le clavier. Mes mots m'échappent. Je voudrais vous parler de mes premières fois, des émotions, de certains moments de ma vie, drôles, de mon premier grand voyage, ma première

« colo » et me voilà à vous décrire ma balade lyonnaise. J'aime ma ville, ses mystères, ses sons, alors que tous les ans, au mois de décembre, elle devient la ville des « fêtes de la Lumière ».

Ma première fête de la Lumière d'ailleurs ne date pas de si longtemps. Je suis arrivée à Lyon il y a plus de quinze ans et mes premières illuminations furent de simples lumignons sur mon balcon. Une bougie dans un pot de yaourt, travaux pratiques en primaire. C'était Noël avant l'heure. Ma première incursion dans les rues illuminées date de 2008, une fontaine aux vingt-quatre poissons, un coffre à jouets à rendre jaloux le Père Noël et l'église Saint-Jean en arc-en-ciel pour la visite des Rois, une boule de neige immense et translucide au-dessus de la statue équestre de Louis XIV.

En parlant de cheval, je me souviens de mon premier concours hippique. Passionnée par cet animal, j'ai toujours aimé sa beauté mais plus que ça. L'observer, sentir sa chaleur, odeur de foin et de cuir, entendre son souffle, les ricochets de ses sabots en entrant dans les box, sa force et son plaisir de nous porter loin dans les clairières et sous-bois.

C'est mon papy qui m'accompagna pour ce concours. Panoplie complète de cavalière, j'étais angoissée, me remémorant les conseils de ma monitrice. Le cheval que je montais, un selle français à la robe alezane, était également nerveux. L'un n'aidait pas l'autre pour que nous puissions trouver un peu de sérénité. Le parcours n'était pas compliqué mais j'avais la peur au ventre. Premier obstacle, et je veux voir mon papy pour me rassurer. Dans le virage, je l'entends me dire : « C'est bien, reste concentrée. » Cela me calma. Une minute trente après, je passai le dernier obstacle sans faute, avec un hurlement de joie et de soulagement. On est bien dans les bras de son papy, il me félicita, je lui montrai ma grosse médaille avec des larmes dans les yeux.

Des larmes... La première fois que j'ai pleuré devant un film, c'était pour... un film qui commence par une exploration sous-marine et l'ouverture d'un coffre récupéré sur une épave. Un coffre contenant un dessin... Oui, vous avez trouvé, *Titanic*. Une histoire d'amour évidemment, seulement j'ai vu ce film bien après sa sortie. Je ne connaissais pas du tout l'histoire. J'avais treize ou quatorze ans. La fin, rien que d'y penser, me rend encore triste, je crois toujours que Jack va réapparaître trente ans plus tard, oublié sur une île déserte, il revient et retrouve Rose. Ils dansent une nouvelle fois sans jamais s'arrêter, qu'est-ce que j'ai pleuré, et la musique...

Mon premier concert, en parlant de musique, c'était avec ma maman. Nous sommes allées voir Lorie. Un mercredi soir, le 10 mars 2004, j'avais neuf ans, cadeau pour mon anniversaire. Impossible d'y aller seule, mon père avait botté en touche pour raison de goût musical. Ma maman donc accepta ma demande. Toutes les deux un peu perdues, nous nous sommes assises dans les gradins et avons regardé, sagement pour elle et plus énergiquement pour moi, le concert. Je me souviens de la puissance des enceintes. Trop fort, je n'entendais pas ce que me disait ma mère. On criait, on hurlait... Et c'est avec un poster dans la main que ma soirée s'acheva. Je n'arrivais pas à dormir à cause de l'excitation et du sifflement continu dans mes tympans qui dura une bonne partie de la nuit. Je m'étais endormie avec ma lampe de chevet allumée.

Lampe de chevet, petite lampe de chevet, et ce fut ma première grosse bêtise. Laissez-moi le temps de vous raconter. J'avais trois ans, mes parents et moi vivions en Corse. J'étais seule dans ma chambre, il faut dire que ma sœur, encore tout bébé, était loin de pouvoir jouer avec moi. Ce soir-là, j'avais décidé de me construire une cabane, une caverne, enfin une petite niche au fond de mon lit. J'étais bien, enfouie, mais il faisait un peu noir et j'eus envie de regarder un livre. Dans une logique digne d'une enfant en bas âge, je pris ma lampe de chevet et l'installai, bien calée entre le matelas et la couette ; en plus de l'éclairage, j'avais aussi le piquet de mon petit chapiteau. Il commençait à faire chaud là-dedans et une drôle d'odeur montait, à dire vrai. Un peu paniquée, je me mis à crier. Mon père et ma mère entrèrent dans ma chambre et comprirent vite ce qui se passait. Ni une, ni deux, la couette qui commençait à brûler ainsi que l'abat-jour en plastique qui avait fondu voltigèrent dans la chambre. Après m'avoir récupérée un peu transpirante, mon père me donna une fessée. Mes parents avaient eu peur et leur réaction fut vive. Je ne compris pas tout de suite ma bêtise, et c'est en attendant que mes larmes sèchent qu'on m'expliqua le pourquoi de cette fessée.

Des larmes qui sèchent, mes parents les ont attendues un long moment après ma première opération à la clinique. Ce fut la première fois également pour ma sœur. Les végétations... Pour plus de simplicité, il était prévu que nous subirions la petite intervention à une heure d'intervalle. On ne nous avait pas vraiment expliqué ce qui allait nous arriver. Je me souviens seulement du masque que l'on mit en place sur mon visage pour m'endormir. Après trois respirations à peine, je quittai le monde réel pour celui des rêves et... plus aucun souvenir. La suite de l'histoire me fut racontée par mes parents. Lorsque je revins de l'opération, dès mon réveil, la douleur était telle que je pleurai à chaudes larmes, sans m'arrêter, durant une heure. Ma sœur arriva dans la chambre alors que je commençais à me calmer et, de nouveau, le même scénario. Deux heures et demie de pleurs, pauvres papa et maman, nous avons fini par nous rendormir, ma sœur et moi. Je me souviens de mon rêve, je m'imaginais en cow-boy dans le Far West.

C'est justement là-bas que je fis mon premier grand voyage. Quinze jours en Californie pour ma majorité, près de cinq mille kilomètres en van, groupe d'une dizaine d'ados en colonie de vacances accompagnés par deux moniteurs. Arrivés à Los Angeles, en route vers le nord et San Francisco, on bifurque vers le sud-ouest et Yosemite Park, Death Valley puis plein ouest vers l'Utah et Monument Valley, retour par la fameuse Route 66, Grand Canyon et retour au point de départ. Vous décrire mon « *road trip* »... il me faudrait écrire un autre livre. Voyage retour avec des milliers d'images dans la tête, le corps fatigué de trop d'asphalte, mais je le referai un jour, j'ai aimé cette partie des États-Unis.

Ma première guitare, je l'ai reçue pour mes seize ans, une Epiphone rouge, modèle Les Paul de Gibson, marque mythique américaine. Ce fut la surprise pour mon anniversaire, j'étais dans le salon lorsque j'entendis le riff principal de « Smoke on the Water », de Deep Purple, joué par mon père. Je hurlai de joie et cassai mon premier ongle sur la première corde de ma guitare.

« Smoke on the Water », ma première cigarette, dois-je vraiment en parler ? À la sortie des cours, pour faire comme tout le monde... Pas génial, pas longtemps, aujourd'hui je déteste. L'odeur sur les vêtements, le goût dans la bouche, non, ce n'est pas mon truc parce que étant gourmande, je suis sensible des papilles gustatives.

Et ma première recette avec mon papa fut la préparation de vrais hamburgers. Pain toasté, salade fraîche et tomate croquante, viande hachée que nous malaxions après l'avoir mélangée avec quelques épices et sauces dont il me donna le secret il y a peu de temps. On laissait la viande reposer une heure et s'imprégner de tous les parfums, elle devenait juteuse à la cuisson. Puis la sauce étalée sur les pains ronds, la tranche de bacon légèrement grillée. J'en salive encore.

Pour ce qui est du grillé, mais dans un sens un peu différent, mon premier téléphone portable était un Sony Ericsson à clapet. Ouverture, fermeture, ouverture, fermeture... Trois mois de cette utilisation, cinq chutes, trimballé n'importe comment. L'écran s'est figé et un autre téléphone le remplaça.

Pour remplacer mon premier ordinateur portable qui était un petit PC offert pour Noël, je choisis un Mac, payé en partie avec mes économies. Pour l'anecdote, mon portable PC était toujours dans mon sac de classe, nous en avions besoin pour travailler au collège. Lorsque je rentrais des cours, je balançais mon sac sans précaution sur la moquette de ma chambre, plusieurs fois je reçus des réprimandes de mes parents parce que je ne respectais pas mes affaires. Le jour où j'achetai mon joli ordi, avec mes sous, je compris la valeur de l'objet. Comme à la prunelle de mes yeux, j'y fis très, très attention. La moindre rayure et j'étais en crise... Leçon à retenir.

La leçon à retenir, pour l'instant, est que les bonnes choses ont une fin. Des premières fois, il y en aura encore et encore, pour moi, pour vous, pour tout le monde. Qu'elles soient tristes ou joyeuses, vous n'avez pas le choix, c'est une première fois... Alors, pour que le chat se morde la queue, disons que pour vous ce sera la première lecture de mon premier livre.

ÉPILOGUE

Merci...

Cette fois-ci, c'est pour de bon. La fin de ce petit opus approche. Vous m'avez vue sous un autre jour, pas face caméra mais un peu plus de côté. Cour ou jardin ? Cette pièce de théâtre se termine, je vous le répète.

J'ai, depuis maintenant trois ans, découvert que j'étais une vraie et grande accro et vous savez à quoi ? Eh bien, je vais vous le dire...

À vous, oui, à vous... Vos messages, vos lettres d'encouragement, vos cadeaux personnels faits de vos propres mains. Vos sourires et vos pleurs durant les « Meet-up », vos petits coups de gueule lorsque vous n'aimez pas mes sujets de vidéos. Ma motivation, c'est de vous faire plaisir... Alors oui, nous nous connaissons depuis trois ans grâce à Internet mais vous savez ce que j'en pense... Pas toute la journée, ok !

Ce livre est pour vous, sachez-le. Il aura des défauts, il vous fera peut-être rire... Tant mieux. Je suis devenue accro à l'écriture grâce à vous et ce que je vous souhaite en lisant ces quelques mots, c'est que, dès le point final, vous vous disiez : déjà...

Alors là n'hésitez pas, soyez gourmande et recommencez... Relisez-le. Vous y trouverez peut-être le mot qui vous touchera. Ce sera ma récompense...

Merci à vous toutes et à vous aussi, les garçons... À bientôt, et quoi vous dire d'autre si ce n'est : « Salut les filles » ?

Enjoy Phoenix... Mais appelez-moi Marie.

Mis en pages par DV Arts Graphiques à La Rochelle,
cet ouvrage a été achevé d'imprimer par CPI Firmin-Didot,
pour le compte de S.N. Éditions Anne Carrière
39, rue des Mathurins – 75008 Paris
en avril 2015

Imprimé en France
Dépôt légal : mai 2015 – N° d'édition : 776
N° d'impression : 127446